Zeitworte / Parole del Tempo

GLEICHGÜLTIGKEIT

ERALDO AFFINATI
MARCO BALZANO
CLAUDIA DURASTANTI
HELENA JANECZEK
GIACOMO SARTORI

Erzählungen

II

herausgegeben von
GIOVANNI ACCARDO

EDIZIONI
ALPHABETA
VERLAG

Die Drucklegung dieser Publikation wurde gefördert von der
Autonomen Provinz Bozen-Südtirol, Italienische Kultur

AUTONOME PROVINCIA
PROVINZ AUTONOMA
BOZEN DI BOLZANO
SÜDTIROL ALTO ADIGE

Ripartizione Cultura italiana

Originaltitel: Indifferenza I
© Edizioni alphabeta Verlag Merano / Limbus Verlag Innsbruck

Übersetzungen von: Irmengard Gabler, Maja Pflug, Petra Kaiser, Verena
von Koskull, Walter Kögler

Accardo, Giovanni (Hrsg.): Gleichgültigkeit II.

© 2021 Edizioni alphabeta Verlag, Meran
books@alphabeta.it • www.edizionialphabeta.it
Limbus Verlag, Innsbruck
buero@limbusverlag.at • www.limbusverlag.at

Grafisches Konzept: Dall'O & Freunde
Umschlagbild: Aron Demetz, *Cucitura-testa* (2010), Nussholz und
Kiefernharz, Sammlung D, Meran
Layout und Umbruch: A&D
Druck: Cierre Grafica, Sommacampagna

Edizioni alphabeta Verlag
ISBN 978-88-7223-369-6

Limbus Verlag
ISBN 978-3-99039-205-8

Inhalt

Giovanni Accardo

Die Formen
der Gleichgültigkeit

Vorwort

Aus dem Italienischen von Dominikus Andergassen

GIOVANNI ACCARDO ist 1962 auf Sizilien geboren und lebt in Bozen, wo er an einem Gymnasium als Lehrer tätig ist und die kreative Schreibschule Le Scimmie (Die Affen) leitet. Er schreibt für die italienische Tageszeitung „Alto Adige" und ist Mitglied des wissenschaftlichen Komitees des Seminario Internazionale sul Romanzo (Universität Trient). 2006 hat er den Roman *Un anno di corsa* veröffentlicht, dem 2015 *Un'altra scuola. Diario verosimile di un anno scolastico* folgte. Mitarbeit am von Claudio Giunta herausgegebenen Handbuch für italienische Literatur, *Cuori intelligenti*. 2019 ist sein vorletzter Roman *Il diavolo d'estate* und 2020 sein letzter, gemeinsam mit Mauro De Pascalis geschriebener Legal-Thriller *Solo tredici chilometri* erschienen.

Nach dem 2019 erschienenen ersten Band, dessen Erzählungen sich mit dem Thema „Ressentiment" beschäftigten, und der 2020 folgenden Übersetzung der
Texte ins Deutsche ging man mit dem Begriff „Gleichgültigkeit" den nächsten Band der zweisprachigen
Reihe „Zeitworte / Parole del tempo" an. 2020 erschienen die zwei Ausgaben mit je fünf italienischen und –
in Zusammenarbeit mit dem Limbus Verlag – fünf
deutschsprachigen Erzählungen; nun liegen die Übersetzungen in die jeweils andere Sprache vor.

Ziel dieser Reihe ist und bleibt eine Begegnung
zweier Sprachen, zweier Kulturen, die bestimmend für
die Region und für das Wirken der beiden Verlage
sind.

Zu den Gefühlen, die derzeit die öffentliche Diskussion beherrschen, gehört sicherlich der Groll. In all seinen möglichen Ausprägungen bildet er den Boden, auf dem für jene Unzahl von Kommentaren, die tagtäglich die sozialen Netzwerke, aber auch gewisse Talkshows im Fernsehen beherrschen und behaupten, die wichtigsten Probleme der Gegenwart zu hinterfragen, sich dann aber als Orte der verbalen Schlägerei und Beleidigung entpuppen. Zum Groll gesellt sich die Gleichgültigkeit – auch in ihrer pathologischen Ausformung der Depression –, die den Blick vieler Menschen auf die Tragödien der Gegenwart in Form der kollektiven Verdrängung und des völligen Fehlens von Empathie und Solidarität beherrscht und bedingt. Eine Gefühlslage, die nicht nur unsere Gegenwart prägt: Denken wir an den 1917 in der Zeitschrift „La città futura" veröffentlichten Artikel von Antonio Gramsci mit dem Titel *Gli indifferenti* (*Die Gleichgültigen*), wo er äußerst hart mit diesen ins Gericht geht, wenn er erklärt, sie zu hassen, da Gleichgültigkeit mit Willensschwäche, Schmarotzertum und Feigheit gleichzusetzen sei. Einige Jahrhunderte zuvor hat Dante Alighieri in der *Göttlichen Komödie* die Gleichgültigen dazu verdammt, ewig in der Vorhölle zu verharren: Da sie sich im Leben weder auf die Seite des Guten noch auf die

Seite des Bösen geschlagen hätten, verdienten sie es nicht einmal, in der Hölle zu landen.

In der Literatur des zwanzigsten Jahrhunderts findet man das Thema der Gleichgültigkeit in den unterschiedlichsten Ausprägungen, angefangen bei der Figur des Nichtsnutzes, der, von Schwäche, Feigheit und Selbstsucht getrieben, nicht über die nötige Willenskraft zum Handeln verfügt. Von Italo Svevo über Luigi Pirandello, von Federigo Tozzi bis hin zu Giuseppe Antonio Borgese und seinem Roman *Rubè* gelangt man zur „göttlichen Gleichgültigkeit", die Eugenio Montale in *Ossi di seppia* als einzige Verteidigung gegen das „Übel des Lebens" ausmacht. Die Gleichgültigkeit als Symbol der Krise der bürgerlichen Familie finden wir in Alberto Moravias Roman *Gli indifferenti*, die Lebensmüdigkeit und den Ekel in Giorgio Bassanis kurzem Roman *L'airone*. Wie könnte man den irrsinnig seiner Selbstzerstörung zugewandten Bartleby in der Erzählung von Herman Melville vergessen, oder Meursault, den Protagonisten in Albert Camus' *Der Fremde*, Sinnbild der existenzialistischen Literatur und der Absurdität des Lebens?

Wie zeigt sich nun die Gleichgültigkeit in der immer mehr von Krieg, Egoismus, Armut, Migration oder gar Pandemie gezeichneten Welt von heute? Müssen wir den Gleichgültigen verurteilen oder ist er ganz einfach einer, der sich vor den Wehen des Lebens, den gescheiterten Lieben, den Enttäuschungen, den unerfüllten Träumen, kurzum dem Unverständnis schützt? Gibt es Lebensumstände, in denen die Gleichgültigkeit geduldet oder gar als Heilung angesehen werden kann?

Das sind nur einige der Fragen, die wir den fünf SchriftstellerInnen Eraldo Affinati, Marco Balzano, Claudia Durastanti, Helena Janeczek und Giacomo Sartori gestellt haben. Sie haben sich bereit erklärt, sich erzählerisch mit dem vorgegebenen „Zeitwort" auseinanderzusetzen; ihre Erzählungen können wir Ihnen hiermit in deutscher Übersetzung vorstellen.

Von einer vielleicht unbewusst ausgearbeiteten Strategie der Verteidigung erzählt der Schriftsteller und Lehrer Eraldo Affinati in seiner Geschichte *Schilde zu Boden*. „Meine Eltern, beide Waisenkinder, reagierten auf die Einsamkeit, die sie von klein auf ertragen mussten, mit dem Zwang, zuerst sich selbst und später auch ihre Kinder gegen jegliche Angriffe von außen – die realen wie die eingebildeten – abzuschotten", schreibt er in seiner Erzählung, die zugleich Anklänge an einen Familien- und Bildungsroman hat sowie eine intime Analyse ist. Die Eltern organisieren ihr Leben, ausge-

richet auf ihren kleinen Laden und den Kleinhandel,
ohne Platz für Erinnerungen, Zuneigung und Gefühle
zu lassen. Der Vater, der seinen Vater nie kennengelernt
hat, mit zwölf Jahren seine Mutter sterben sah und daraufhin völlig alleine aufwuchs, „grub ein Loch in sich
selbst". Die Beziehung zum Gegenüber wird dem
Sohn, der der Erzähler ist, von der Mutter beigebracht
und baut auf Kosten-Nutzen-Überlegungen auf und auf
Gleichgültigkeit: Kehre vor deiner eigenen Tür, so lautet ihre nüchterne und vereinfachende Pädagogik. Der
Sohn wächst unter der ständigen Bedrohung der Trägheit und einem Gefühl der Nichtzugehörigkeit zur Welt
auf, eine allein durch die Lektüre von Romanen adge-
milderte Einsamkeit, die Gefahr läuft, aus ihm einen
Verhaltensauffälligen zu machen. Und doch naht an
einem gewissen Punkt die Rettung: die Entdeckung des
anderen, vor allem der gefährdeten Personen, der
Armen dieser Welt, derjenigen, die sich am Rande des
Abgrundes befinden, später werden es die ruhelosen,
zornigen und schlampigen Schüler des Erzählers sein.
Und gerade die Auseinandersetzung mit dem anderen,
auch als eigenes Spiegelbild, wird zum Damm gegen
die Gleichgültigkeit, zum Treibstoff, der eine Existenz
wieder in Bewegung setzt, die eine totale Lähmung ris-
kiert hatte.

Die Protagonisten der Erzählung *Mimì* von Marco Balzano sind zwei Brüder, die in einem Dörfchen an der Grenze zwischen den Provinzen Benevento und Caserta zur Welt gekommen sind, im von der Kriminalität gezeichneten Süden, wo die Auswanderung in den Norden die einzige Rettung darstellt. Der Erste, der fortgeht, ist Mimì. Er zieht nach Bologna, um dort Medizin zu studieren und Anästhesist zu werden. Der acht Jahre jüngere Antonio hingegen gibt dem Drängen des Vaters nach und wird, gerade einmal zwanzigjährig, Vollzugsbeamter. Seine erste Anstellung führt ihn in die Haftanstalt von Sulmona, wo er sofort entdeckt, dass die Häftlinge regelmäßig geschlagen werden, vor allem dann, wenn sie sich beschweren, um „ihnen zu zeigen, wie sie sich aufzuführen haben". Antonio ist verblüfft. Hier läuft das so, werden ihm alle, Direktor eingeschlossen, eher resigniert als gleichgültig sagen. Er wird aber die Gleichgültigkeit wählen müssen, wenn er sich an diese Umgebung anpassen will, genau so wie sein Bruder Mimì die Patienten, die er im Operationssaal betäubt, als einfache Stoffpuppen betrachtet, um den Gedanken zu verdrängen, dass sie nicht mehr aus der Anästhesie erwachen könnten. „Wenn du dich dem Schmerz der anderen zu sehr näherst, wirst du verrückt", ist der

Leitspruch, den er seinerseits seinem jüngeren Bruder
mitgibt. Stück für Stück verwandelt sich für Antonio
die Gleichgültigkeit vom Instrument der Verteidigung
zu einer Art Krankheit, die ihn austrocknet und von
allen und allem entfernt, sogar von sich selbst. Gerade
als er aus der persönlichen Situation zu flüchten be-
schließt, eröffnet sich für ihn ein Ausweg, der ihn
wiederbelebt.

„Im Fernsehen lief jeden Abend eine Sendung mit Magiern, die einen Kranken heilten, indem sie Fleischstückchen aus seinem Bauch zogen." Das ist der beun-
ruhigende Einstieg in Claudia Durastantis Erzählung
Die Magier aus dem Fernsehen, das allegorische Bild
für eine kranke Welt, die sich im Lauf der Erzählung
nicht nur in den von Heiligen und Gurus bevölkerten
Fernsehsendungen einnistet, sondern auch im metapho-
rischen und allumfassenden Raum des Netzes. Das, was
fehlt, ist die Fürsorge, die Hingabe an die Anderen.
Nina, die Ich-Erzählerin, sieht sich die Zauberer im
Fernsehen gemeinsam mit Carla an, „technisch und
rechtlich" ihre Adoptivmutter, die die Fernsehsendung
verlogen und trügerisch findet. Aber von welchen mysteriösen Krankheiten heilen die Zauberer? Vielleicht
von der Gleichgültigkeit und der Abwesenheit von Für-

sorge? Dieselbe Fürsorge, die Nina manchmal von den Frauen erfährt, die im selben Haus wohnen und sich prostituieren: der Lack auf den Fingernägeln, die geglätteten Haare, die Gesellschaft in Momenten der Einsamkeit. Carla ist voller Groll, weil sie von jenen im Stich gelassen worden ist, die für ihren Schutz zuständig waren, und sehnt sich aus diesem Gefühl der Vernachlässigung nach „einer Autorität, unfähig sie wahrzunehmen und einzuschränken, war ihr Hunger nach einer Macht erwachsen, die sie erlösen und beschützen sollte", doch gleichzeitig hat sie die Freude an grellen Farben verloren und alle ihre Kleider sind eng und streng geworden. Nina hingegen hat sich bereits als Kind im klinischen Wörterbuch Wissen über Krankheiten und die unmöglichsten Gebrechen angeeignet sowie über deren Behandlung. Und trotzdem verfällt auch sie manchmal der Gleichgültigkeit, zum Beispiel wenn sie Sex hat, „belagert" vom momentanen Liebhaber, und spielt diesem eine größere Lust vor als die, die sie gerade empfindet. Beide, Mutter und Tochter, sind auf der Suche nach einem magischen Akt, einer Kur, die sie gerade von dieser Gleichgültigkeit heilen soll.

Auf mehreren zeitlichen Ebenen angesiedelt – die Jahre des Universitätsstudiums der Erzählerin, das

Jahr 2015 und die Tage der Coronapandemie –, nimmt
Helena Janeczeks Erzählung *Zu Hause eingesperrt,
aber gut* mit der Erinnerung, die ein Satz von Chiara,
Freundin und Studienkollegin der Protagonistin, aus-
löst, ihren Lauf. „Wir sind dabei, uns an eine Art zurückgezogene Gleichgültigkeit zu gewöhnen"; so lautet eine ihr kürzlich zugeschickte Mitteilung. Chiara
lebt in Bologna, die Protagonistin im Brexit-London,
ihre Eltern in der Lombardei: Alle stehen am jeweili-
gen Wohnort und unter dem jeweils eigenen Blick-
winkel den vom Lockdown bedingten Emotionen gegenüber, diesem momentanen Stillstand des Lebens,
begleitet von einem Übermaß an Ängsten und Erwartungen. Und genau in den dramatischen Zeiten der
Pandemie – von Fehlern, vom Zögern und von den
Improvisationen derer gekennzeichnet, die ohne zu
zögern Entscheidungen hätten treffen müssen – taucht
dieser Satz über die Gleichgültigkeit auf; die Protagonistin, die sich inzwischen von ihrem Partner getrennt hat, der nach Frankfurt gezogen ist, bemüht
sich, diesem eine neue Bedeutung zu geben, die über
die Kausalität oder die Lebensumstände hinausreicht.
Daraus ergibt sich die Gelegenheit, ihr ganzes Leben,
ihre Entscheidungen und Beziehungen neu zu über-
denken, denen diese „zurückgezogene Gleichgültig-

keit" vielleicht einen Sinn geben konnte, auch wenn jemandem wie ihr – hineingeboren in eine Unternehmerfamilie, aufgewachsen im London des Business und der Finanzspekulationen – die Gleichgültigkeit wie ein Fremdkörper erscheint, ein mit der eigenen Geschichte unvereinbares Gefühl.

Was passiert, wenn eine Ehe oder eine lange Liebesbeziehung zu Ende ist? Wie schützt man sich vor den Erinnerungen, die einen fortwährend überfallen, wenn man mittlerweile eine neue Partnerin hat, der diese Erinnerungen eindeutig lästig sind? Das sind die Fragen, um die die Erzählung *Vergiss die launigen Füße* von Giacomo Sartori kreist und die in Form eines langen, mithilfe von Iterationen und ständigen Vergleichen aufgebauten Monologs die Zwanghaftigkeit des Protagonisten entblößt. Ist eine Beziehung beendet, so der Erzähler, muss man alles vergessen; es ist dies die einzige Möglichkeit, Frieden zu finden und neu anfangen zu können. Die Augenblicke der Komplizenschaft vergessen, das Lächeln, die Körperteile, die man geliebt hat, sonst gibt es keinen Platz für das Neue, für ein neues Leben. Der Protagonist scheint darin von seiner natürlichen Vergesslichkeit begünstigt, doch während er darüber nachdenkt, was er besser vergessen sollte, geschieht das genaue Gegenteil: Mittels komischer, visionärer und sogar ketzerischer Vergleiche mit dem einstigen Leben in Zweisamkeit werden die eigenen Erinnerungen verfestigt. Wie kann man aber die gemeinsam erlebten schönen Augenblicke, all jene Gewohnheiten vergessen, die einem Sicherheit gegeben haben, bestimmte sympathische und liebevolle Kosenamen, sogar einen Atem, der nach elektrischer Eisenbahn roch?

Die von uns eingeladenen SchriftstellerInnen haben auf unterschiedliche Weise ein Gefühl unserer Zeit in Szene gesetzt und stellen so den Leserinnen und Lesern ein kleines Repertoire der möglichen Ausdrucksformen vor: die Gleichgültigkeit, bei der aus dem Instrument der Verteidigung und des Schutzes eine Begegnung mit dem anderen wird; die Gleichgültigkeit, die sich in der Auseinandersetzung mit einem neuen Leben auflöst; die Gleichgültigkeit, die erst mit der Fürsorge verschwindet; das Staunen über die Gleichgültigkeit; die Gleichgültigkeit als Vergessen. Klarerweise hat keine Autorin und kein Autor soziologische oder psychologische Theorien formuliert; alle haben sich diesem komplexen Seelenzustand, der häufig zur Existenzfrage wird, mit dem Instrumentarium

20   der Literatur und mit der Suche nach dem geeigneten
Stil angenähert, um der eigenen Vorstellung, den eigenen Gefühlen und Erfahrungen den passendsten erzählerischen Ausdruck zu verleihen.

Bozen, im März 2021

Eraldo Affinati

SCHILDE ZU BODEN

Aus dem Italienischen von Irmengard Gabler

ERALDO AFFINATI (Rom, 1956) ist Schriftsteller und Lehrer. Gemeinsam mit seiner Frau Anna Luce Lenzi rief er die Penny-Wirton-Schule ins Leben, in der Einwanderer kostenlos italienisch lernen können. Die Geschichte seines Großvaters, der 1944 von den Nationalsozialisten ermordet wurde, und die seiner Mutter, die aus dem Deportationszug nach Deutschland fliehen konnte, inspirierten ihn zu *Campo del sangue* (1997 bei Mondadori und 1999 unter dem Titel *Ein Weg der Erinnerung* bei S. Fischer erschienen). Erwähnenswert ist in diesem Zusammenhang auch *Un teologo contro Hitler. Sulle tracce di Dietrich Bonhoeffer* (Mondadori 2002). Eine Vielzahl seiner Publikationen widmet sich der Welt der Schule (*Elogio del ripetente*, 2013; *Via dalla pazza classe*, 2019; beide bei Mondadori erschienen), insbesondere der Person Don Milanis (*L'uomo del futuro*, Mondadori 2016; *Il sogno di un'altra scuola*, Piemme 2018). Zuletzt erschien *I meccanismi dell'odio* (Mondadori 2020), ein Gespräch mit Marco Gatto über Rassismus.

Vieles von dem, was wir sind, entspringt der Geschichte derer, die uns in die Welt gesetzt haben: Um es wirklich zu verstehen, müssten wir den Weg noch einmal gehen, den die Generationen vor uns zurückgelegt haben. Und genau aus diesem Grund müssen wir uns unsere Freiheit erobern. Meine Eltern, beide Waisenkinder, reagierten auf die Einsamkeit, die sie von klein auf ertragen mussten, mit dem Zwang, zuerst sich selbst und später auch ihre Kinder gegen jegliche Angriffe von außen – die realen wie die eingebildeten – abzuschotten. Niemals Stellung zu beziehen war eine Verteidigungsstrategie, die sie sich, vielleicht sogar unbewusst, zurechtgelegt hatten, um weitere Rückschläge zu vermeiden. Sich einigeln. Zäune errichten. Einen

Schützengraben ausheben. Schlagworte wie diese wurden nicht öffentlich geäußert; im Gegenteil, bei oberflächlicher, flüchtiger Betrachtung unterschied sich unsere Familie nicht sonderlich von allen anderen. Ein aufmerksames Auge hätte jedoch ohne Weiteres die Risse im Mauerwerk entdecken können, auf das wir uns stützten.

Habt ihr eine kleine Festung vor Augen? Gut, genau so war unsere Wohnung: Keine Menschenseele kam hinein, weder Freunde noch Verwandte. Wir reden hier nicht von Regeln und Vorschriften. Es war wie ein unausgesprochenes Gesetz, das uns in Fleisch und Blut übergegangen war. Ich fragte mich von frühester Kindheit an, was dazu geführt haben mochte, konnte es aber beim besten Willen nicht herausfinden. Das Wasser strömte unter den Brücken hindurch und riss verkohlte Baumstümpfe und ungelöstes Gestrüpp mit sich fort. Mit der Zeit beschloss ich, mir eine Erklärung zurechtzulegen, die durch ständige Wiederholung eine Art zerschlissenes Manifest geworden ist. Jeder X-Beliebige könnte es mit beleidigenden Worten oder obszönen Bildern versehen. So läuft das nun mal: Wenn du es nicht akzeptierst, hast du eben Pech gehabt. Für meinen Vater, ein nicht anerkanntes uneheliches Kind, und meine Mutter, mit nur siebzehn Jahren aus einem Deportationszug nach Deutschland geflüchtet, beide seit geraumer Zeit verstorben, empfinde ich über die natürliche Zuneigung hinaus eine tiefe Rührung: Je älter ich werde, desto mehr begreife ich, dass meine pädagogische Berufung dem Wunsch entspringt, Wiedergutmachung an ihnen zu leisten. Was konnten die beiden dafür, dass man ihn im Stich gelassen und sie nach der Erschießung des Vaters verhaftet hatte? Stehe ich heute vor einem Schüler, ob Italiener oder Immigrant, ist es mir, als fände ich den kleinen Fortunato wieder – sein Name pure Ironie – und die kleine Maddalena, die als Dienstmädchen zum Unterhalt der Familie beitragen musste. Ich habe einen Schaden wiedergutzumachen, sage ich mir, muss einen Riss flicken, Tränen trocknen. Und ich fühle mich dazu in der Lage, stellvertretend für Dritte, weil wir alle miteinander verbunden sind, wir Menschen: Niemand braucht sich vorzumachen, er könne ganz allein klarkommen. Was dir geschieht, geht auch mich etwas an: Unsere Wege kreuzen sich, auch wenn wir nicht wissen, wie, wo und wann.

Dies ist der innerste Kern. Die ursprüngliche Wunde, aber auch die Wurzel, aus der ich Nahrung ziehe. Ich bin in Rom geboren, in einem Mietshaus hinter dem Bahnhof der Ferrovie Laziali, wo heute Chinesen und

Afrikaner wohnen, erbaut im neunzehnten Jahrhundert von den Piemontesen nach der Einigung Italiens, lebe aber schon eine ganze Weile nicht weit vom Tiber-Ufer entfernt. Zuweilen spaziere ich den Fahrradweg entlang, wo es nach Fluss und fauligem Gras riecht. Viele Obdachlose schlafen zwischen Ratten in Hütten aus Pappe, aus dem Kiesbett geholt, das vor Jahrhunderten die ersten Siedlungen der römischen *gentes* beherbergte. Es ist schwer, einen anderen Ort zu finden, der gleichermaßen den Geist von Vergänglichkeit atmet, wie er im Buch Kohelet gefeiert wird.

Vergangene Woche kam ich, quasi aus Versehen, zu einem Fußballplatz. Ich habe den Jungs beim Fußballspielen zugesehen. Einer machte den Vorstopper, aber er besaß keinerlei Voraussicht. Der Mittelstürmer umging seine Deckung mit spöttischer Leichtigkeit, eine Finte des Angreifers genügte, um den Verteidiger aus dem Konzept zu bringen. Vor fünfzig Jahren war auch ich am Boden zerstört, als die Nummer neun, der ich hätte Einhalt gebieten sollen, in jenem schicksalhaften Moment ein Tor erzielte. Ich weiß also Bescheid. Während er wie ein Besessener losrennt, der freudigen Umarmung der Gefährten entgegen, stehst du mit hängendem Kopf da und schluckst die Galle runter. Nach dem Spiel malträtierte ich auf dem Heimweg das Gestrüpp, indem ich es unter den Schuhsohlen zermalm-27

te. Ein gleichaltriger Freund, damals üblicherweise Libero hinter der Verteidigung, versuchte mich zu trös-ten: Du hast noch Zeit, sagte er mir, kannst dich ver-bessern. Das stimmte, trotzdem blieb mir ein bitterer Geschmack im Mund, das Gefühl, der Situation nicht gewachsen gewesen zu sein. Vorgestern, als ich die gleiche Vegetation an den bröckeligen Gehsteigen sah, überkam mich dasselbe Gefühl der Niedergeschlagen-heit, als wären nicht fünfzig Jahre vergangen, sondern nur ein, zwei Stunden. Eine emotionale Niederlage, die mir wohlbekannt war, weil ich mit außergewöhn-licher Anspannung darüber nachgedacht hatte. Auf diese Weise wurde ich zu einem Spezialisten für schwarze Momente, sodass ich mich der charakteris-tischen Traurigkeit, die den Besiegten befällt, mittler-weile weitaus besser stellen kann als beim ersten Mal: An guten Tagen gelingt es mir sogar, ihre depressiven Auswirkungen in euphorisierende Energie umzuwan-deln. An den unendlich langen leeren Nachmittagen, die ich zu Hause verbrachte, als wäre der Esquilin die Insel Diego Garcia im Indischen Ozean, suchte ich nach der fernen Ursache dieses Unbehagens. Es war natürlich nicht ausschließlich dem sportlichen Debakel geschuldet, wurde allenfalls von diesem definiert und verstärkt, bis es gleichsam zum Sinnbild dafür wurde: die Erniedrigung, in der ich mich am besten wiedererkannte.

Es war ein Gefühl der Demütigung, das mich schon als kleines Kind befallen hatte, zum Beispiel während der langweiligen Autofahrten auf immerzu verstopften Straßen ins Zentrum, wenn wir von der Tiburtina, wo wir mehrere Jahre wohnten, zur Piazza Vittorio unterwegs waren. Nicht weit davon betrieben meine Eltern einen Handel für Bekleidungswaren *en détail*, wie man damals sagte, also keinen Großhandel. Wisst ihr, was das bedeutet? Ich stelle mir vor, was meine Mutter auf unterschwellige Art darauf antworten könnte: Um acht Uhr morgens ziehst du den Rollladen hoch, zu Mittag lässt du ihn herunter. Um halb vier Uhr öffnest du ihn wieder, und am Abend lässt du ihn wieder herunter. Du stehst den ganzen Tag hinter der Ladentheke und wartest auf Kunden: Der eine kauft Socken, ein anderer ein Hemd, wieder ein anderer Unterhosen. Du plauderst mit ihnen über dies und das, aber seien wir ehrlich, wenn sie nicht in den Laden gekommen wären, um etwas zu kaufen, hättet ihr euch nie getroffen. Das Verhältnis zu ihnen ist allein Mittel zum Zweck. Kümmere dich um deine Angelegenheiten, misch dich nicht ein. Scheffle Geld und denk immer daran, dass dieser Spargroschen dein einziger Halt sein wird. Du wirst krank werden und Hilfe und Beistand brauchen. Niemand wird dich unterstützen. Nicht einmal die nächsten Verwandten. Im Gegenteil, die am allerwenigsten. Der Mensch ist eine Bestie. Nicht einer gibt etwas umsonst, wirklich nicht einer. Solltest du den Eindruck haben, jemand tue dir uneigennützig einen Gefallen, dann sei gewiss, dass da irgendein Haken ist. Wiederholen wir es noch einmal gemeinsam, mit lauter Stimme: *do ut des*. Das habe ich gelernt und will es an dich weitergeben, mein Sohn. Nicht mit Worten. Mit Taten. Schau, wie ich lebe und wie ich Hindernisse überwinde, und zieh deine Schlüsse daraus.

Die Geschichte meines Vaters war noch verheerender, wenn das überhaupt möglich ist. Mit zwölf Jahren starb seine Mutter und er blieb allein zurück in der großen Stadt, wie eine Figur von Charles Dickens. Ein kleiner Kerl, der auf der Straße Zeitungen verkaufte und in den kleinen Pensionen um den Bahnhof Termini herum Unterkunft fand. Während er heranwuchs, grub er eine Höhle in sich hinein, als wäre er die Kreatur, halb Mensch, halb Tier, aus einer der letzten Erzählungen Kafkas, *Der Bau*: eine Höhle, in die meine Mutter stürzte und in der auch mein Bruder und ich Platz finden sollten. In Sicherheit, verschlossen und vergraben. Dies, Herrschaften, ist die rasende Liebe des bedrängten Tieres, eine sich hinter Heiterkeit und Sorglosigkeit verbergende Festung. Als ich das Licht erblickte, hatte ich mit einem Kettenhemd zu kämpfen, das mich verletzte, indem es mich schützte. Ich fühlte mich wie eine ausgestanzte Schablone, wie der winzige Baustein eines großen Spiels: Europa zerstört und wiederaufgebaut, die Erde im Fieber, die Verfassungen im Entstehen. Es gibt nichts Privates in der Erinnerung an die eigene Vergangenheit: Alle Familienalben, sofern sie sich nicht darauf beschränken, Fotos von Hochzeiten und Begräbnissen zu sammeln, haben eine politische Dimension. Gemäß den Griechen der Antike.

Ich fragte mich, welchen Wert eine Existenz haben konnte, wie ich sie innerhalb und außerhalb von mir ablaufen sah. Ich spürte einen Schatten hinter uns, Geschichten von Krieg und Gewalt, von Feindschaft und Rache, Groll und Verrat, eine unsichtbare, aber lärmende Karawane, die ich mir nicht erklären konnte: Geheimnisse, die es zu enthüllen, verborgene Schätze und Orte, die es zu entdecken galt; ich suchte und suchte, ohne etwas zu finden, weil mir das passende Werkzeug fehlte, ich war ja noch ein Kind, verzweifelte schier, hätte am liebsten die ganze Welt kaputt geschlagen,

weil die, in der ich steckte, mich anwiderte. Wenn ich
groß bin, gehe ich von hier fort, dachte ich, baue mir
mit bloßen Händen die verunstaltete Kulisse wieder
auf, nach neuen Parametern. Doch das waren alles nur
Flausen, weil ich zum Beispiel keine Ahnung hatte,
was Unabhängigkeit bedeutete. Ich nahm an, meine
Zukunft könne ein Mimosenfeld sein, auf dem es sich
ausgelassen und vergnügt herumtollen ließe. Dass
jeder von uns über einen doch recht beschränkten Ak-
tionsradius verfügt und nicht die mindeste Möglichkeit hat, die Konsequenzen des eigenen Handelns zu
kontrollieren, war mir nicht bewusst. Wir sind wie Ku-
geln, gegeneinander geworfen, und wissen nicht, was
aus uns wird. Das Paradies – angenommen, es existiert
– könnte das Fegefeuer sein: eine Aufgabe, die es zu
lösen, eine Bürde, die es zu tragen gilt. Eine Pflicht,
die wir erfüllen als Maskerade des Glücks.

Wie dem auch sei, damals kamen mir solche Über-
legungen überhaupt nicht in den Sinn, weil ich vollauf
damit beschäftigt war, mich bei allen möglichen Gele-
genheiten aus der Klemme zu ziehen. Ich hatte den
Eindruck, dass die Leute um mich herum, zumindest
jene, an die ich herankam, sich mit allzu wenig zufrie-
dengaben: Ich konnte nicht begreifen, wie sie sich vo-
ranbrachten. Also entwarf ich eine Art kleines inneres

Theater. Heute kann ich es nur in einer Art stilistischer Simulation wiedergeben. Kann ein Beruf genügen, um den Sinn des Lebens zu erkunden? Wie soll man hinnehmen, dass das Dasein auf dieser Welt nur aus Essen, Trinken, Lachen und Scherzen besteht? Gut, ich stellte mir vor, es gäbe verborgene Quellen, aus denen man schöpfen konnte, die Erwachsenen ließen es erahnen, Konfetti und Sternschnuppen, die auch ich über kurz oder lang zu fassen bekäme, und doch hatte ich Mühe zu glauben, dass dieser Feuerzauber mir genügend geistige Festigkeit garantieren würde. Mit meinem für die Adoleszenz so typischen Extremismus befürchtete ich, voll gegen die Wand zu laufen und daran zu zerschellen. Das wäre unausweichlich.

In einer dieser inneren Inszenierungen, entworfen in der Einsiedelei meiner isolierten Jugend, setzte ich ein Publikum aus Heuchlern voraus, das es nicht erwarten konnte, an mir herumzumäkeln. Menschen übelster Sorte, bereit, mich mit schockierenden Fragen in die Ecke zu drängen.

„Sag einmal, du Schlaumeier, was hättest du dem Schauspiel entgegenzusetzen, das dich nicht zufriedenstellt?"

„Was weiß ich. Erklärt ihr es mir."

„Wen meinst du mit ‚ihr'?"

„Na euch, die Väter, Mütter, Freunde, Anführer, Lehrer."

„Ach ja? Und was sollen wir dir sagen?"

„Gilt es vielleicht, irgendeine existenzielle Kunst zu erlernen? Einen Glauben zu praktizieren? Eine Übung zu absolvieren?"

Das brüllende Gelächter dieser Gauner ließ mich verstummen. Ich blieb jahrelang auf meinem Stuhl kleben. Die Spuren der entsetzlichen Einöde trage ich noch heute im Gesicht: sichtbar nur für jene, die jetzt meine Vereinsamung von damals durchleben. Vielleicht hatte ich deshalb immer einen guten Draht zu Strafgefangenen, schwierigen Jugendlichen und psychisch Kranken. Wenn wir uns begegnen, ist es, als würde jeder im anderen etwas von sich selbst erkennen. Den alten Schlachtruf. Nur zu, brüllt und tretet um euch! Haltet euch ran: Dann findet ihr auch was zu beißen.

So begann mein langer Kampf gegen die Trägheit, gegen die kurzsichtige Aufgabe jeder gezielten Entscheidung, gegen den Raub der brisanten Wahrheit zugunsten des albernen Witzes, des improvisierten Gags, des schlichten Wortspiels. Mit fünfzehn, in einer Zeit des Aufruhrs und der Verwirrung, tauchten die Drachen des Unglücks auf, die Masken des gewöhnlichen Lebens, flüchtige Kometen in Gestalt unerreichbarer Mädchen, unüberwindliche Hindernisse bestehend aus Weisheiten, die sich mir entzogen, deren Sprache ich nicht zu entschlüsseln vermochte. Die Schule vor allem war eine Qual aus Kürzeln, Zahlen und Legenden, verkompliziert durch unverrückbare Traditionen und Techniken, die nach mysteriösen Gesetzmäßigkeiten und absurden Kodizes, die es zu entschlüsseln galt, ohne Unterbrechung von einem Lehrer zum nächsten weitergereicht wurden. Meine Familie bestand aus dem gemeinsamen Namensschild an der Tür, sie erschien mir bewegungsunfähig, obwohl meine Mutter in Wirklichkeit niemals stillstand, weil sie sich um Haushalt und Geschäft kümmern musste, und mein Vater sich abhetzte, um uns im Wagen, einem Ford Taunus 12M – Glanz und Gloria der Sechzigerjahre –, durch die Gegend zu kutschieren, zwischen Banken, Kaufhäusern und Möbelhäusern. Ich beobachtete die gesellschaftlichen Gepflogenheiten der Mehrheit, ohne sie teilen zu können, als stünde ich hinter einer Trennwand, Mund und Nase gegen die Scheibe gedrückt, ohne zu begreifen, wozu sich alle dermaßen abrackerten. Gab es irgendwo einen Preis zu gewinnen? Bei einer Lotterie vielleicht? Ich bitte euch, verratet mir doch das Geheimnis. Ich hatte mich mit einem Jungen angefreundet, der eine Leidenschaft für Kfz-Technik hatte. Er konnte das Getriebe seines Mofas ausbauen und mit nach Hause nehmen: Während er Zylinderköpfe aufschraubte und Vergaser zerlegte, stand ich tatenlos daneben, weil ich nichts davon verstand; mein handwerkliches Geschick war schon immer gleich null gewesen. Gemeinsam fuhren wir in bestimmte Werkstätten am Stadtrand, wo wir auch den ganzen Nachmittag zubringen konnten: Ich glaube, es waren meine kläglichsten Jahre. Wann hat diese Qual endlich ein Ende? Während ich darauf bedacht war, mir die Hände nicht mit Schmieröl schmutzig zu machen, diskutierten die anderen über Elektroden und Kerzen, Reifen und Kugellager. Gelegentlich sah der Werkstattmeister zu mir herüber, und es war, als fiele sein Blick auf eine Säule aus Stahlbeton, die sich zwischen ihn und die Werkzeugwand schob. Die Zeitverschwendung schien absolut: Zwar lag in dieser Leere auch ein besonderer geistiger Adel, doch wusste ich nichts damit anzufangen, wusste nicht, wie ich das, was ich empfand, praktisch umsetzen sollte; alles löste sich in irgendeiner pseudo-geistreichen Bemerkung auf, die keinerlei Fundament besaß, weder emotional noch kulturell.

Die Verwirbelungen meiner Jugend bildeten sich langsam, aber unerbittlich in der tödlichen Langeweile jener quälend strukturlosen Tage: Ich sah keinerlei Ziel vor uns, das es zu erreichen, keinerlei Geschichte, die es zu entdecken, keinerlei Erfahrung, die es zu verwirklichen galt. Auch weil es keine Lehrer gab. Ich hatte nie auch nur eine bedeutsame Begegnung. Ich fing an, Romane zu lesen, das ja, doch war ich mit dieser Leidenschaft allein. Wenn man sie niemandem mitteilen kann, wird auch die Literatur zur Makulatur. Was hatte ich davon, gemeinsam mit Nick durchs Gehölz zu streifen? War die Desorientierung eines Fabrizio del Dongo vor Waterloo in irgendeiner Weise brauchbar? Welchen Sinn hatte es, sich in die kleine Prinzessin Marja zu verlieben? Warum hielt ich mich im Kosakenlager auf? Welches Ende hätte ich genommen, wäre ich Raskolnikow weiterhin auf den Treppenabsatz gefolgt?

Wie war es mir gelungen, diese Bücher zu lesen? Wo hatte ich sie aufgestöbert? Papa verwendete den Konjunktiv falsch. Mama schrieb mit schwarzem Filzstift die Preisschilder für die Verkaufswaren und stellte dabei wie heutzutage die bengalischen Obstverkäufer ihre fehlerhafte Orthografie zur Schau. In mir herrschte das totale Tohuwabohu, ohne nennenswerte Perspektive auf eine praktische Auswertbarkeit. Ich hatte noch nicht begriffen, wie sich Stilempfinden im realen oder irrealen Leben verwenden ließ, und wusste auch nicht, ob ich die Fähigkeit hätte, es Früchte tragen zu lassen. So zerbrach ich mir den Kopf mit den typischen Fragen, die sich nur die Jugend stellt: Lässt sich ein Vorteil ziehen aus ästhetischem Empfinden, oder ist es nichts weiter als ein buntes Rädchen in einem Wasserlauf? Wer ein gewisses Alter überschritten hat, dem stellen sich solche Fragen nicht mehr.

Und dennoch – ich kann es erst jetzt sagen, im Nachhinein, mit einem zielgerichteten Blick zurück, denn damals war es mir nicht bewusst –, dennoch schaffte ich tüchtig Heu in die Scheune, schuf mir Reserven, legte Vorräte an. Die Unzufriedenheit, in der ich herumhaspelte, schien allmählich abzuebben. Wer hätte gedacht, dass es an just demselben Ufersaum, an dem ich nur Scherben sah, schon bald Blumen zu pflücken gäbe und ich mir sogar die eine oder andere bunte Murmel einstecken würde? Damit wir uns richtig verstehen: Die Schätze wären nicht die meinen, doch würde ich sie in anderen erkennen. Bald schon wäre ich, meinem elenden Leben sei Dank, in der Lage, die Unruhe der Jugendlichen zu erfassen, die mir der Schulalltag zuführte. Weitaus früher als gedacht würde ich mich als

Lehrer in ihnen spiegeln, als eine Art Vaterersatz: Ich hatte schon immer eine Schwäche für Meister Geppetto und den heiligen Josef, jene Lyriker des freien Willens. Ich ahnte wohl bereits, dass ich nie im biologischen Sinne Vater sein würde, da ich mich nach all den Geschehnissen vor meiner Geburt niemals in diesen heiligen Raum würde vorwagen können; doch just dieses Urverbots wegen wäre es mir zumindest vergönnt, mir meine Kinder selbst auszusuchen. Nur so konnte ich einen Weg finden, meine Schützlinge zu fördern, weil ich in ihnen eine Qual erkannte, die ich selbst erfahren hatte. Die Wut, die Vernachlässigung, das Aufbegehren desjenigen, der rebelliert, ohne zu wissen warum. Liebe Streber und Drückeberger, machen wir ein Feuer und tanzen drum herum. Zuerst müssen wir lernen, der Tradition Genüge zu tun – welche es auch sei –, und dann in Aktion treten, jetzt oder nie, nur so befreit man sich aus dem Strudel.

Ich erinnere mich an meinen ersten Schüler, zu Beginn der 1980er-Jahre, der geradezu prototypisch war. Er hieß Nicolò. Ganz hinten in der Gruppe versteckt erinnerte er mich an einen gehäuteten Wolf. Man brauchte sich ihm nur zu nähern, um ihn knurren zu hören. Deutlich vernahm ich unter dem Mond, der mir Gefährte war, aus dem Wald sein Heulen. Hätte ich den trägen Gespenstern gehorcht, die mir zugeteilt waren, hätte ich ihn meiden müssen, mich von ihm fernhalten, ohne mich auf ihn einzulassen. Kaum hatte ich, weiß Gott warum, beschlossen, auf den lebendigen Atem der Schutzengel zu vertrauen und das Gegenteil zu tun, kam es zum Kurzschluss zwischen der bisherigen Erziehung und dem individuellen Willensakt, der sich ihr widersetzte. Ich ging diesem Jugendlichen in der Krise entgegen, indem ich nicht nur mich selbst zeigte, sondern auch das, was hinter mir lag, das ganze lästige Gerippe, geräuschvoll nur in den Ohren desjenigen, der eine ähnliche mit sich herumschleppte. Geschichten von Traurigkeit und Gewaltbereitschaft, getarnt als Schüchternheit und Überheblichkeit: Immer langsam mit den psychiatrischen Diagnosen und den oberflächlichen Urteilen für die Schulakten! Dies ist gelebtes Leben, es ähnelt in gewisser Hinsicht einer von den Straßenratten angenagten Brotkruste.

Es war, als weckte meine Entscheidung – die Schilde zu Boden werfen, die geballte Faust öffnen, auf Riegel verzichten – die Ahnen, bereit, mein Werk der Wiedergutmachung nach einem Schema auszurichten, das ich gerade entdeckte. Im Folgenden würden sie es modellieren, indem sie mir die Stichworte für die

Durchsetzung einer neuen Idee von Schule diktierten: nach und nach weder Noten noch Klassen, weder Lehrerpult noch Bürokratie.

Was wussten wir damals, wir zwei, Nicolò? Wir waren mikroskopisch kleine Rädchen in einem gewaltigen Getriebe, das über und unter uns in Bewegung war. Du hast mich erstaunt angesehen, vielleicht auch neugierig, weil ich dich für eine Aufgabe lobte, die du gelöst hattest. „Bei mir könntest du eine Drei schaffen", sagte ich und legte dir meine Hände auf die Schultern. Es war, als würde ich mich blindlings in den wilden Haufen stürzen, wohl wissend, dass ich mir wehtun würde, es wäre der Preis, den ich zu zahlen hätte, um aus dem Versteck hervorzukommen. Wäre ich stattdessen eingeschlossen geblieben in dem Hexenring, in dem ich aufgewachsen war, hätte ich mir am Ende die Flügel verbrannt. In meiner Laufbahn als Lehrer für Literatur an Berufsfachschulen habe ich viele Jugendliche kennengelernt, die sich verlaufen hatten, noch ehe sie sich auf den Weg machen konnten; verdammt zu Eintönigkeit, Trägheit und Verrohung. Die Besten, also diejenigen, die mit sechzehn Jahren den Eindruck erweckt hatten, sich retten zu können, sehe ich hie und da an ihren Arbeitsplätzen, sie kommen mich zu Hause besuchen oder wir erkennen uns

einfach auf der Straße. Was diese schwierigen Lebens-
läufe in mir freisetzen, sollte Einzug halten in die Lehr-
bücher und könnte als Rohmaterial auf jeden Fall die
Dichter inspirieren.

In den Physiognomien meiner ehemaligen Schüler
erscheinen wie fröhliche, spöttische Kobolde die bangen Blicke Fortunatos und Maddalenas in einigen entscheidenden Augenblicken, aus denen ich im Laufe der
Jahre eine persönliche Mythologie gestrickt habe: Sie,
aus dem Geschäft heimgekommen, überwacht das Kö-
cheln der Pasta, während ich ihr den Aufsatz vorlese,
für den ich eine Zwei bekommen habe. Hin und wieder
dreht sie sich zu mir um und lächelt, um mich zu loben,
ist stolz auf mich; er begleitet mich zum Bahnsteig,
weil ich nach Albenga unterwegs bin, zum Ausbil-
dungszentrum für Rekruten. In der Szene mit meiner
Mutter dürfte ich etwa zehn Jahre alt gewesen sein,
weil ich noch in die Grundschule ging; in der mit meinem Vater zwanzig, er einundsechzig, drei Jahre jünger
als ich heute. Seien wir ehrlich, an einem bestimmten
Punkt verwandelt sich die Existenz in einen Knobelbe-
cher – weiß der Teufel, warum er das tat. Normalerweise vermied er solch ein emotionales Entgegenkom-
men, obgleich er im Grunde sentimental veranlagt war
und keine Angst hatte, seine Gefühle zu zeigen. Viel-

leicht weckte mein Abschied zum Militärdienst, der damals noch obligatorisch war, in ihm die Erinnerung an Kriegszeiten, als er an Tuberkulose erkrankt und ausgemustert worden war. Anderenfalls hätten sie ihn womöglich nach Russland geschickt, und wer weiß, ob er zurückgekommen wäre. In meiner Erinnerung mischen sich die Bilder von der Frau am Herd und dem Mann am Bahnhof mit denen der vielen tausend Schüler, denen ich danach begegnet bin. Traurige und fröhliche Gesichter. Lockige und glatte Haare. Weiße und schwarze Haut. Woher kamen sie? Aus den römischen Vororten die Sitzenbleiber, aus der Città dei Ragazzi die minderjährigen Migranten. Dichte Scharen, unterwegs ins Unbekannte. Die Worte, die ich nach und nach für sie erarbeitet habe, richten sich gleichsam auch an meine Eltern. Hier eine kurze Zusammenfassung:

Kinder, kommt alle hierher zu mir. Papa, Mama, hört auch ihr zu. Wird ein Prinzip, an das ihr glaubt, mit Füßen getreten, müsst ihr einschreiten. Habt ihr eine Vorstellung von Gerechtigkeit entwickelt? Wird sie im täglichen Leben negiert, müsst ihr sie verteidigen, und weh euch, wenn ihr diese Pflicht vernachlässigt, die Verantwortung missachtet, der Aufforderung nicht nachkommt. Habt ihr eine politische Entscheidung getroffen, dann steht dazu. Ihr könnt nicht einfach

die Hände in den Hosentaschen lassen. Glaubt ihr an
Gott? Dann zeigt es mit euren Werken.

Schreie werden laut. Lärm schlägt mir entgegen.
Als ich die Übungen diktierte, war es genauso. Im Tu-
mult kann ich ein paar Gegenstimmen ausmachen.
Eine protestiert: Was du von diesen Jugendlichen ver-
langst, lässt sich unmöglich verwirklichen. Die andere
unterstützt mich: Auch wenn ihr es aus irgendeinem
Grund nicht schafft, ruft sie ihnen zu, denkt über das
Gefühl der Unzulänglichkeit nach, das ihr empfinden
werdet. Dann seid ihr auf dem richtigen Weg.

Wer ist es, der da spricht?

Es ist, als schlügen die aus dem Nichts aufgetauch-
ten, einander widersprechenden Volksführer auf den
Sack und meinten den Esel. Mit entschlossenen Mie-
nen treten sie der Horde undisziplinierter und auf-
müpfiger Schüler entgegen. Wollen sie beeinflussen.
Scheinen dabei aber vor allem an mir interessiert. Mein
Vater ist derweil in der Menge untergetaucht. Und wo
meine Mutter abgeblieben ist, weiß ich nicht.

Halluzinationen, Rauschzustände, Wahnvorstellun-
gen. Wieder frage ich mich: Wem gehören diese beiden
gegensätzlichen Stimmen?

Sagen wir es leise: meinen Großvätern, Mister X
und dem Partisanen. Ersterer hatte zwei Eisen im

Feuer, offizielle Ehe und verbotene Beziehung. Letzterer setzte seine gesamte Familie aufs Spiel, indem er sich gegen Mussolini stellte. Wir sind ins zwanzigste Jahrhundert zurückgekehrt: eine Szene, eigens entworfen, um die Flucht des Bigamisten vor der Verantwortung und die riskante politische Parteinahme des Kämpfers zu veranschaulichen. In Wirklichkeit dürfte der Unterschied nicht ganz so groß gewesen sein, wie es den Anschein hat: Der Geliebte des jungen Bauernmädchens, das in die große Stadt gekommen war, hatte sich mit hoher Wahrscheinlichkeit wirklich in sie verliebt, ansonsten hätte er ihr nicht zwei Kinder gemacht und die kleine Familie auf eigene Kosten erhalten, solange es ihm möglich war; der antifaschistische Held hatte vor seinem Eintritt in den Widerstand, in der Zeit, in der er sich als Fremdarbeiter in belgischen Bergwerken verdingte, eine neue Liebe kennengelernt und beinahe Frau und Kinder verlassen.

Wir wissen es: Der Triumph gehört stets der Grauzone. Und dennoch ist die Versuchung, die von den Großvätern verkörperten unterschiedlichen Positionen einzubringen, zu groß, um darauf zu verzichten. Das Wissen, wie und warum sie lebten, wem und was sie sich entgegenstellten, liegt außerhalb meiner Reichweite, zumal ich nicht die Möglichkeit habe, Stamm-

bäume zu konsultieren. Vor ihnen ist nichts als Leere.
Dennoch könnten beide Männer die Quelle jenes „be-
wegten Herzens" sein, das mich dazu brachte, Stellung zu beziehen: unerlässliche Bausteine, um die
Fundamente meiner erzieherischen Tätigkeit zu er-
gründen.

Wann immer ich in die Vergangenheit zurückkehre,
laufe ich Gefahr, mich von ihr vereinnahmen zu lassen.
Täte ich es nicht, fehlte mir die Motivation, mich in
die Zukunft zu stürzen. Hinter mir, begraben wie geheimnisvolle Inschriften, die lange Zeit unergründlich
blieben, liegt der Antrieb für das nackte physische
Überleben, der den Weg meiner Vorfahren bestimmte.
Ihr könnt einem Menschen alles wegnehmen, nur nicht
den eisernen Willen, den atavistischen Wunsch, zu
prosperieren. Vor mir, wie Flämmchen, die den neuen
Weg weisen können, leuchten die gemeinschaftlichen
Werte, die mir als Inspiration dienen: Gib mir die
Hand, dann will ich versuchen, dich aus dem Sumpf
zu ziehen, in den du gefallen bist. Es ist ein unversöhn-
licher, unsäglicher Kampf auf Leben und Tod zwischen
dem Ich-Instinkt und der kollektiven Verantwortung,
zwischen der Welt als rostigem Spiegel der Trägheit
und dem gemeinsamen Haus, unter dessen Dach wir

Zuflucht finden. In dem kleinen kahlen Hof, der in jedem von uns gegenwärtig ist, fordert der Engel den Teufel zum Zweikampf heraus, ein jeder wild entschlossen, den Gegner zu besiegen. Doch können sie nicht wissen, dass der eine, sobald er zum tödlichen Stoß ausholt, in den verängstigten Augen des anderen mit Schaudern seine eigene Angst entdeckt. Im entscheidenden Moment, bevor die Geschichte sich erfüllt, brechen die lärmenden Rufe der Ahnen hervor.

Besonders während einer Afrikareise hörte ich ihren Trommelwirbel. Wir waren am Stadtrand von Banjul, der heruntergekommenen Hauptstadt von Gambia, in einer Satellitenstadt namens Serekunda. Wir fuhren gerade durch eine Ansammlung baufälliger Behausungen. Die Sonne brannte heiß. Das Licht war Schneckenschleim. Ich stieg aus dem klapprigen Mercedes, der uns hinaus an den Fluss gebracht hatte, zu den letzten schweizerischen und schwedischen Stiftungsbauten, wo Geländewagen die umgebenden Mauern in beiden Richtungen passierten; dahinter dürres, trockenes Buschland. Ich wurde von einem Sträßchen aus rötlichem Sand angezogen, das sich in den Gassen des kleinen Marktes verlor.

Sofort war ich umringt von Kindern, die in Scharen aus ihren ärmlichen Behausungen gelaufen kamen. Sie betrachteten mich wie verzaubert, als sei ich eine Erscheinung. Meine weiße Hautfarbe zog sie unwiderstehlich an. Ich hatte ein paar Bonbons bei mir, die ich an die verteilte, die mir am nächsten waren. Sogleich fiel die Meute über mich her, warf sich mir in die Arme, in den Rücken, brüllte, als wäre ich der König der Heerscharen, ein vom Himmel gefallener Marsmensch. Nimm uns mit nach Europa, wohin unsere großen Brüder gegangen sind, glaubte ich zu hören. Dort können wir Playstation spielen. Hier wollen wir nicht mehr bleiben! Ich hatte Mühe, sie zu bändigen, wie der Lehrer, der von einer planetarischen Schülerschaft belagert wird. Kurz bevor ich mich in einen gefangenen Gulliver verwandelte, kamen die Freunde mich holen, und gemeinsam fuhren wir weiter zu dem Dorf, das unser Ziel war. Viele Kinder liefen hinter unserem Wagen her, bis sie vom Staub verschluckt waren. Im Dorf Sare Gubu dachte ich oft an meinen Vater: Ich bat ihn innerlich um Rat. Wie gern hätte ich mich in seine Demütigung als kleiner versprengter Junge vertieft! Hätte ich ihn mit dreizehn Jahren kennengelernt, wären wir Freunde geworden. Zwei Lausbuben, die durch die Stadt streunen und Dummheiten anstellen. Bestimmt hätten wir Spaß gehabt. Und wie gern wäre ich bei meiner Mutter gewesen, als sie als kleines Mädchen im Haus ihrer Arbeitgeber die Wäsche besorgte! Ich wäre ihr flink wie ein Wiesel zu Hilfe geeilt, um sie von ihrer absurden Plackerei zu befreien und ihr eine Puppe zu schenken. Hätte das Familienoberhaupt, das sie wie eine Sklavin behandelte, etwas dagegen gehabt, wäre ich wie eine Bestie über es hergefallen.

Jetzt sagt ihr bestimmt, ich verlange das Unmögliche. Doch so ist es nicht: Was habe ich denn in meiner Laufbahn als Lehrer anderes getan als genau das, und zwar an all jenen, die jetzt genauso sind, wie er und sie in den Zwanziger- und Dreißigerjahren waren? Rashdur im Kurs für Kfz-Technik, der gern nach Bangladesch zurückkehren würde, aber nicht kann, weil seine Familie es ihm verbietet. Marina, fünfte Klasse Grundschule, geboren in einem Wohnwagen zwischen Belgrad und Sarajewo, von der man nicht weiß, wessen Tochter sie ist. Fabietto, der kurz vor dem Mittelschulabschluss steht, aber noch immer nicht in der Lage ist, den Buchstaben H an die richtige Stelle zu setzen.

Meine Lieblingsschüler.

Ein paar Tage nach unserer Ankunft in Afrika wurde in einer dieser armseligen Strohhütten ein Junge geboren, dem man als Zeichen der Ehrerbietung, weil ich der äl-

teste Gast war, meinen Namen gab. Alì Babucar Eraldo
Affinati. Ich besuchte den Säugling und erfuhr, dass solche Dinge traditionellerweise von den Eltern der Eheleute bestimmt werden: In der Pulaar-Sprache ist *Mama* die gemeinsame Wurzel, um auf Großvater und Großmutter zu verweisen. Mamadebbu war eine Frau mit zahnlosem Mund und weißem Haar. Mamagorku hatte steife Glieder und Mühe beim Gehen. Aus den wässrigen, dankbaren Augen der beiden drang eine geheimnisvolle Botschaft, deren Wichtigkeit ich spürte, vielleicht handelte es sich um einen Auftrag; ich würde ihn zunächst entschlüsseln und dann ausführen müssen.

Plötzlich hatte ich den Eindruck einer Neuausrichtung der Generationen. Ich hörte gleichsam das Klicken im Mechanismus, der, das nehmen wir jetzt einfach an, den Motor des Universums beherrscht. Das Kind, das ruhig in meinen Armen schlief, war daran nicht unbeteiligt: Es rief die negierte Identität auf den Plan, die meinem Nachnamen innewohnt. Wie ein Bumerang aus der Vergangenheit nahm sie die didaktische Dimension vorweg, der ich mich verpflichtet sah, gab die Themen vor und diktierte die Stile, legte sogar die Voraussetzungen für die Ausdrucksformen fest, die daraus erwachsen sollten.

Einschließlich der vorliegenden, wie ich meine.

Marco Balzano

MIMÌ

Aus dem Italienischen von Maja Pflug

MARCO BALZANO (Mailand, 1978) ist Schriftsteller und Lehrer. Sein erster Roman *Il figlio del figlio* (Avagliano 2010, dt. *Damals am Meer*, Antje Kunstmann 2011) gewann den Premio Corrado Alvaro für das Erstlingswerk. Es folgten *Pronti a tutte le partenze* (Sellerio 2013) und *L'ultimo arrivato* (Sellerio 2015, dt. *Das Leben wartet nicht*, Diogenes 2014), ausgezeichnet mit dem Premio Flaiano und dem Premio Campiello. Sein mehrfach prämierter Roman *Resto qui* (Einaudi 2018, dt. *Ich bleibe hier*, Diogenes 2020), angesiedelt in Südtirol zwischen den zwei Weltkriegen, handelt von der tragischen Geschichte von Graun/Curon und wurde in mehr als fünfzehn Sprachen übersetzt. 2019 erschien, ebenfalls im Einaudi Verlag, *Le parole sono importanti*, ein populärwissenschaftlicher Essay über Etymologie und Manipulation der Wörter. Er schreibt für die Kulturbeilage des „Corriere della Sera".

Für Francesco

In meinem Dorf – einer Handvoll Häuser zwischen den Provinzen Benevento und Caserta – stand man entweder auf der einen Seite oder auf der anderen. Verbrecher oder Polizist. Gewiss, auf unterschiedlichem Niveau: vom Hühnerdieb bis zum Boss eines Clans, vom Gefreiten bis zum Kommissar, aber wie auch immer, das war die Wasserscheide. Außer man machte es wie Mimì, der am Tag nach dem Abitur einen Zug bestieg und wegging, um anderswo zu studieren, da er von Geburt an unduldsam war und klare Vorstellungen hatte. Das mit der Unduldsamkeit darf man nicht missverstehen, denn meiner Ansicht nach ist das eine Tugend. Solange du unduldsam bist, willst du die Welt noch verbessern, fühlst das Blut durch die

Adern fließen, hast Lust, aus Protest auf die Straße zu gehen, dich nötigenfalls auch mit jemandem zu prügeln, der sich zwischen dich und das Leben stellt, das du im Kopf hast. Im Übrigen haben immer die Unduldsamen die Welt verändert und nicht die, die auf dem Sofa vor dem Fernseher sitzen.

Ein noch größeres Glück ist es allerdings, klare Vorstellungen zu haben: Das ist besser als ein sechsstelliges Bankkonto. Nun, mein Bruder Mimì schien exakt so ein Mann zu sein, auch als er noch gar kein Mann war: ein Unduldsamer mit klaren Vorstellungen. Nur eine dieser beiden Eigenschaften hätte nicht genügt, um aus ihm die Person zu machen, die wir alle auf Händen tragen. Meine Eltern erzählen immer, dass sich Mimì schon als Kind nicht damit begnügte, eine Zwei nach Hause zu bringen – Eins war die einzige Note, die er akzeptierte, um mit sich zufrieden zu sein und sich vor dem Spiegel zu sagen: gut gemacht. Es gäbe noch viele Beispiele für seine Zielstrebigkeit, wie auch für seine Unduldsamkeit. Um nur eines zu nennen: Mimì gab nie nach, wenn mein Vater versuchte, ihm eine Erlaubnis zu verweigern. Er zog seine Lederjacke über, knallte die Türe zu und ging auf die Piazza. Einmal habe ich ihm nachspioniert, ich glaubte, er ginge zu einem Freund, um ein Bier zu trinken oder sich mit einer Partie Billard zu zerstreuen, doch stattdessen setzte er sich auf eine Steinbank neben der Kirche, die Hände vor der Brust gefaltet und die Jacke über die Beine gelegt. So machte er es immer, voll Groll saß er da, mit gerunzelter Stirn, dann sprang er plötzlich auf und lief im Sturmschritt wieder nach Hause. Er hob den Vorhang, trat ein und fragte laut, wo Papa sei.

„Hier", antwortete Papa aus seinem Sessel, die Fernbedienung in der einen Hand und die Espressotasse in der anderen.

An der Stelle setzte Mimì zu einer Rede an, wie sie sie nicht mal am Kassationsgericht halten, um ein Urteil zu kippen. Ohne Luft zu holen redete er fünfzehn bis zwanzig Minuten, mein Vater verlor irgendwann den Faden und schaute untröstlich in sein leeres Tässchen, während er zur Madonna betete, dass dieser Monolog bald aufhören möge. Sobald wieder Ruhe einkehrte, sagte er nur: „Na gut, Mimì, tu, was du willst, aber bitte mach mir noch einen Kaffee, denn der hier ist mir zu bitter geworden."

Nach dem Gymnasium zog mein Bruder nach Bologna, um Medizin zu studieren: Schon seit der Grundschule wusste er, dass er Arzt werden wollte. Auch diese Geschichte von seiner Berufung erzählen meine Eltern immer wieder, und nach seiner Abreise redeten sie über Mimì, als sei er als Missionar in den Kongo gegangen und wohne nicht in einer schönen Stadt, um das zu studieren, was er sich ausgesucht hatte.

Mein Bruder ist acht Jahre älter als ich, dieser Abstand genügte, damit unsere Leben nebeneinander her verliefen. Ich weiß so wenig über ihn … Ich weiß nicht, was er für Freunde hat, was für Leidenschaften, ich weiß nicht einmal, ob er ein guter Arzt ist. Und doch, wenn er mich jetzt anriefe und von mir verlangte, ich solle mich ins Feuer stürzen, dann täte ich es ohne Zögern.

Manchmal rufe ich ihn an, um ihm zu sagen, dass es mir in der Seite wehtut, in der Nähe der Milz.

„Anto', kannst du gut atmen", fragt er mich.

„Ja, mit dem Atem ist alles in Ordnung, scheint mir", antworte ich.

„Dann mach dir keine Sorgen."

Für solche Beratungen würde auch der Barista um die Ecke ausreichen, das ist mir bewusst, aber die gleichen Worte von meinem Bruder gesagt enttäuschen mich zwar einerseits, doch andererseits geben sie mir Kraft. Vieles an Mimì enttäuscht mich, das ist klar. Er lässt sich nie blicken, ist immer in Eile und hört mir nur mit einem halben Ohr zu.

Einmal habe ich ihm verärgert geantwortet: „Ich komme gerade aus dem Gefängnis, wir haben seit einem

Monat nichts voneinander gehört, und ich habe dich angerufen, um dir Hallo zu sagen, zwei gottverdammte
Wörter könntest du doch wenigstens rauskriegen!"

Daraufhin hat mein Bruder sich entschuldigt und
gesagt, auch er komme gerade nach zehn Stunden aus
dem OP und habe seit gestern nichts gegessen.

„Du musst mich besuchen kommen. Viola ist größer
geworden, du würdest sie nicht wiedererkennen."

„Ja gut, ich freu mich drauf, die Kleine wiederzu-
sehen."

„Schade, dass du keine Kinder hast, sie könnten
jetzt zusammen spielen", hat er noch hinzugefügt,
bevor er auflegte.

Da ich dagegen noch nie klare Vorstellungen hatte,
kam mein Vater an einem Sommertag heim und erklärte: „Die Polizei hat eine Ausschreibung veröffentlicht,
du musst dich bewerben!" Damit knallte er mir einen
Stoß Blätter auf den Tisch, die ich lesen sollte, „schnell
und mit größter Aufmerksamkeit".

„Aber das ist ja die Gefängnispolizei!"

„Polizei bleibt Polizei", schloss er und duldete keine
Widerrede.

Ich hatte die Fachoberschule für Wirtschaft und
Verwaltung absolviert, auch wenn ich nicht sagen

könnte, warum ich diese Schule gemacht habe und nicht zum Beispiel eine Hotelfachschule oder eine Schreinerlehre. Vielleicht lag es an der Trägheit meines Charakters, oder daran, dass man, abgesehen von Ausnahmen wie Mimì, mit dreizehn noch nicht mal entscheiden kann, was man anziehen, geschweige denn, welche Schule man besuchen will. Wie auch immer, ich brachte mein Abschlusszeugnis nach Hause und verbrachte meine Zeit nun im Sessel im Wohnzimmer und wartete, dass etwas passierte. Ich glaube, für meine Eltern war es einer dieser höchst gefährlichen Augenblicke, in denen einer aus Langeweile oder aus Mangel an Beschäftigung schließlich zu allem fähig ist, auch zum Mord.

„Mach's gut, Anto'", sagte meine Mama am Prüfungsmorgen zu mir und legte mir die Hände ums Gesicht.

„Bau keine Scheiße", präzisierte mein Vater im Unterhemd, die Zigarette im Mundwinkel.

Die schriftliche Prüfung fand in der Turnhalle einer Schule statt. Vor dem Tor herrschte Gedränge, die Leute standen dicht beieinander, rauchten und unterhielten sich mit denen, die zufällig neben ihnen waren. Ich stand etwas abseits und hätte gern Mimì angerufen, um ihn um Rat zu fragen, denn er hatte ja schon eine

Unmenge Prüfungen abgelegt, viel schwierigere als meine jetzt. Dabei ging es nicht bloß darum, ein paar Paragraphen auswendig zu lernen, der menschliche Körper ist so ein Durcheinander von Nerven und Muskeln, dass ein Leben nicht ausreicht, um sich einen Überblick zu verschaffen. Zuletzt rief ich ihn dann doch nicht an, weil ich fürchtete, ihn zu stören.

Als sie mit dem Appell begannen, fühlte ich den Schweiß auf der Stirn. Ein Glück, dass ich Pasquali heiße; als ich drankam, war der Schweiß getrocknet.

Den Multiple-Choice-Test erledigte ich rasch, und bei den offenen Fragen antwortete ich mit kurzen Sätzen, wie es mir meine Lehrerin, Frau Zullo, in der Oberstufe beigebracht hatte. „Wenn du es mit fünf Worten sagen kannst, schreib nicht sechs hin", hat sie immer wieder gesagt.

Bei dem Gespräch eine Woche später ebenso: trockene, präzise Antworten.

„Herzlichen Glückwunsch", sagte ein Offizier in Uniform, der mir völlig ausdruckslos die Hand hinstreckte.

So kam ich mit knapp zwanzig zur Polizei. Ich würde kein Dealer oder Taschendieb werden. Kein Krimineller. Mein Vater war glücklich, am Sonntag im Restaurant trank er viel Weißwein, und bevor er die

Rechnung bezahlte, sagte er: „Der eine Arzt und der andere Polizist. Jetzt kann ich in Ruhe krepieren."

An einem Montag überschritt ich im Morgengrauen die Schwelle des Gefängnisses von Sulmona. Mein Vater hatte recht, es war unwichtig, dass ich der Gefängnispolizei angehörte, ich trug eine Uniform und stand auf der richtigen Seite, darüber musste ich froh sein. Einige Tage blieb ich in Trakt 1, unbedeutende Straftaten, fast nur Flüchtlinge und Assis, die wegen kleiner Dealereien und Diebstahl im Supermarkt rein- und wieder rauskamen. Aber die Zeit reichte nicht mal, um mir die Gesichter einzuprägen, mir die Namen zu merken, mit den Kollegen vertraut zu werden, schon wurde ich in einen anderen Flügel versetzt. Aus Trakt 1 erinnere ich mich nur an einen langen Lulatsch mit scharf geschnittenem Gesicht, der im Dialekt zu mir sagte: „Tolle Sache, da gewinnt man eine Ausschreibung, und zur Belohnung schicken sie einen ins Gefängnis, findest du das richtig?" Ich war verblüfft und hatte Mühe, ein Lächeln zustande zu bringen. Manche Witze sind nur zum Lachen, solange sie einen nicht selber betreffen.

„Na ja", erwiderte ich mit unsicherer Stimme, „wir können gehen, wann wir wollen."

„Das sagen alle, und dann bleiben sie, bis sie alt werden", schloss er und entfernte sich im Halbdunkel des Korridors.

Der Typ, der mich zu Trakt 4 brachte, richtete auf dem ganzen Weg kein einziges Mal das Wort an mich und sagte an einem bestimmten Punkt, ich sei angekommen.

„Hier ist dein Platz", herrschte er mich an, drehte sich um und übergab mich, geradeso, als ob ich ein Gefangener wäre, zwei anderen Beamten. Der ältere war ein behaarter, muskulöser Mann, er saß gähnend mit gelangweiltem Gesicht an einem Tisch. Der Jüngere trug eine Brille, die seine Augen vergrößerte, und lehnte mit dem Rücken an der Wand.

„Willst du einen Schluck Wasser?", fragte der Alte.

„Ja, danke."

„Hier drin ist es im Sommer heiß und im Winter kalt." Er hielt mir einen Plastikbecher hin.

„Auf jeden Fall ist es hier immer scheiße", fügte der andere mit gekünsteltem Lachen hinzu.

Ich wischte mir mit dem Handrücken den Schweiß ab, und während ich trank, hörte ich jemanden gegen die Gitter einer Zelle schlagen: ein plötzliches, lautes Geräusch, wie Eisen, das auf den Boden fällt. Die zwei rührten sich nicht, hoben nicht einmal den Kopf. Einer schaute weiter auf den Tisch, der andere in den schmalen, kurzen Flur, der zu einem weiteren Gittertor führte, durch das man wer weiß wohin gelangte. Unglaublich, wie sie dieses Getöse ignorieren konnten. Ich richtete mich auf, doch da ich nicht als unerfahren gelten wollte, ertrug ich stumm den Krach, der bald von rechts, bald von links kam und sich für mich, wenn ich die Augen schloss, wie ein Echo anhörte, das von den Bergen über das ganze Gefängnis herfiel.

„Du hast einen lauten Tag erwischt", sagte der Alte zu mir und riss erneut den Mund auf.

„Sie protestieren, aber wogegen, wissen sie selber nicht", warf der Jüngere ein, als antwortete er auf eine Frage, die ich gar nicht gestellt hatte.

Er hieß Giovanni und seine Augen tanzten ständig umher, als fürchtete er, aus einer unerwarteten Richtung könnte eine Kugel kommen.

Gegen Abend kehrte Ruhe ein, niemand schlug mehr gegen die Gitter oder trommelte mit den Fäusten an eine Tür. Sergio, der Ältere, hatte Feierabend gemacht und war gegangen, ohne sich von uns zu verabschieden. Wir blieben zu zweit zurück, und Giovanni begann mich auszufragen, woher ich käme, für

welchen Fußballverein ich sei, ob ich Familie hätte.
Und wie das mit zwanzig halt so ist: Einige Wochen
lang war mir, als hätte ich einen Freund gefunden. Ich
konnte gut mit ihm reden, er hatte einen zynischen
Humor, der mir gefiel, und obwohl er wenig älter war
als ich, zeigte er Rückgrat sowohl mit den Häftlingen
als auch mit den Kollegen. Dann, eines Abends – es
war schon mehr als ein Monat vergangen –, während
ich ihm anvertraute, dass ich mich eingelebt hatte und
die Uniform mir das Gefühl gab, wichtig zu sein, entfernte sich Giovanni mit einem Beamten, der gekommen war und ihm auf die Schulter geklopft hatte.

„Ich muss rüber", sagte er, das Gespräch abbre-
chend, und befahl mir mit einem Heben des Kinns, den
Gang im Auge zu behalten.

Sie schlossen eine Zelle auf, holten einen Gefangenen heraus, dessen Gesicht ich nicht sehen konnte,
führten ihn zu dem anderen Gang, und dann verschwanden alle drei. Sofort fing der Lärm wieder an,
Eisengedröhn und Gebrüll aus der Zelle, aus der sie
den Typen abgeführt hatten. Einige Häftlinge forderten mich auf, näher zu kommen: Sie wollten meinen
Namen wissen, ob ich was zu rauchen hätte, einer mit
schlechten Zähnen und kratziger Stimme fragte mich,
ob ich ihm ein Twix mitbringen könnte. Ich hielt ein

paar Schritte Abstand, ich fürchtete, sie würden mich am Hemd packen und mit dem Gesicht gegen das Gitter knallen.

Durch das einzige Fenster – ein Loch mit weiteren Gitterstäben, die in den Stahlbeton gerammt waren – sah man keine Berge, sondern nur einen Schneestreifen, der einem weißen Fluss an einem Abhang glich. Als Giovanni zurückkam, setzte er sich auf Sergios Platz hinter dem Tisch. Sein Gesicht war angespannt, sein Blick verstört.

„Und der Typ, den ihr mitgenommen habt?"

„Wir haben ihm erklärt, wie er sich benehmen muss", sagte er, indem er sich Wasser eingoss und mich hinter dem Plastikbecher nachdenklich ansah.

„Was hat er denn getan?"

„Er will immer provozieren."

„Habt ihr ihn geschlagen?"

„Antonio, hör zu: Mit manchen Leuten geht's nicht anders, entweder austeilen oder einstecken."

Am nächsten Tag sah ich, dass Aiala, der Häftling, den sie am Vortag herausgeholt hatten und der noch keine vierzig war, seinen Arm nicht bewegen konnte; er hing hinunter, als ob er nicht zu ihm gehörte. Ich machte Giovanni darauf aufmerksam, doch er zuckte die Schultern und wandte den Kopf ab.

„Fängst du schon wieder damit an, steigere dich bloß nicht so rein."

Es dauerte eine Weile, bevor ich wieder Zeuge wurde, dass einer aus seiner Zelle abgeführt wurde; ich weiß nicht, wie lange, aber bestimmt einige Monate. Mit Giovanni redete ich nicht mehr so wie vorher, ich versuchte, ihn auf Abstand zu halten, doch an manchen Tagen kam ich mir blöd vor, ihm nicht zuzuhören und nicht auf seine Freundschaft einzugehen. Vielleicht war es ja wirklich eine fixe Idee von mir, auch ich kannte bösartige Leute, die man sich zu Recht vom Leib halten musste.

Eines Morgens betrat ich eine Zelle und sah einen Häftling voller Schürfwunden im Gesicht und am Hals. Ich fragte ihn, was passiert sei, aber er antwortete nicht, sondern schüttelte nur den Kopf. Ich zwang ihn, mit mir zur Krankenstube zu gehen.

„Wenn das alle so machten wie du, wäre das hier eine Notaufnahme", knurrte der Arzt – den ich noch nie gesehen hatte –, während er dem Gefangenen mit Desinfektionsmittel getränkte Wattebäusche aufs Kinn drückte.

Als Giovanni davon erfuhr, ließ er einen anderen Beamten an unserer Stelle zurück und sagte, ich solle mitkommen.

„Wohin gehen wir?", fragte ich.

Er marschierte weiter, ohne mir zu antworten, dann zeigte er mit einer Bewegung des Kinns auf die Ecken der Decke.

„Hier gibt's keine Überwachungskameras", sagte er.

Wir waren in dem Gang mit den Isolationszellen angekommen. Giovanni hob die Klappe an der ersten blau lackierten Tür und drückte meinen Kopf an die Öffnung. Ich spürte seine kalte Hand an meinem Hals, ein glitschiges Gefühl auf der Haut. Drei Beamte verprügelten einen Gefangenen: Sie versetzten ihm Tritte in den Bauch und gleichzeitig auf die Schultern. Ruckartig zog ich den Kopf zurück und spuckte aus, ich fühlte den Brechreiz in der Kehle aufsteigen. Nach einigen Augenblicken packte Giovanni mich im Genick wie eine Katze, hielt mich fest und befahl mir, weiter hinzusehen. Und ich, ohne zu wissen warum, ich schaute wieder hin.

„Er hat einen von uns angegriffen, er hatte ein Empfehlungsschreiben", erklärte mir Giovanni. „Was wir machen, ist die reine Notwehr."

„Notwehr?"

„Man muss sich schützen", nickte er. „Solange der Prozess läuft, lassen wir sie in Ruhe, danach, wenn die Verhandlungen vorbei sind, zeigen wir ihnen, wo es

langgeht. Du solltest uns helfen, statt den Samariter zu
spielen."

In der Nacht träumte ich von dem Guckloch der Isolationszelle, mit dem Hals zwischen den Gitterstäben eingeklemmt musste ich zuschauen, wie Gefangene, deren Gesichter, Stimmen und Namen ich erkannte, zusammengeschlagen wurden. Von Kollegen, mit denen ich in der Mensa zu Mittag aß oder in den Pausen eine Zigarette rauchte und die ich im Traum alle wiederfand, finster und mit Schaum vor dem Mund bereit, sich auf nackt am Boden liegende Männer zu stürzen.

„Richte mir eine Zelle her, ich komme gleich", befahl mir Giovanni ein paar Tage später, als ich plötzlich in den Isolationstrakt versetzt wurde.

„Hast du mich hierher versetzen lassen?", fragte ich ihn, rot vor Wut.

„Richte mir eine Zelle her", wiederholte er und betonte jedes Wort.

Ich wollte mich widersetzen, wusste aber nicht wie. Ich fühlte mich allein und hatte Angst vor ihm. Eine Stunde später sah ich ihn im Vorraum auftauchen mit dem Gefangenen, der hilflos den Kopf einzog vor dem ungleichen Kampf, der ihm da drinnen bevorstand, wo die Überwachungskameras nicht hinreichten, wo die Welt zu Ende ist.

Ich versuchte, mit den anderen Beamten zu reden, ich wollte wissen, ob sie Bescheid wussten. Ich musste ihre Gründe und ihre Ausreden herausfinden. Ich sprach sie in den Fluren oder auf dem Parkplatz an, und noch bevor ich den Mund aufmachte, fragten sie mich, ob es mir gut gehe. Einige sagten mir, dass sie seit Jahren meldeten, was sie sahen, und anstatt Umfragen zu starten, solle ich ihrem Beispiel folgen. Andere wechselten das Thema, zuckten die Achseln, spielten die Sache herunter. Einer sagte, ich solle nicht jeden Mist glauben, den man in den Gängen höre.

Ich verließ das Gefängnis und fuhr stundenlang durch die Gegend, bis ich Bergstraßen erreichte, an deren Rändern noch verkrusteter Schnee lag. Ich hatte keine Angst, mich Giovanni zu widersetzen – ich wusste, dass ich dazu nicht fähig war –, ich hatte Angst, genauso zu werden wie die anderen, an alles gewöhnt, gleichgültig gegen die Gewalt, die einen Meter von ihnen entfernt ausgeübt wurde.

„In ein paar Jahren reden wir nochmal drüber, Junge, wenn sich die jugendliche Hitze gelegt hat", sagte der lange Lulatsch vom ersten Tag zu mir, den ich am Ende der Nachtschicht aufsuchte.

Ich fühlte mich so beschissen, dass ich mir eines
Sonntags den Kopf kahlschor. Ich betrachtete die feuch-
ten Haarsträhnen auf der Frotteematte, dann schlüpfte
ich in die Kleider vom Vortag und ging ins Kaufhaus,
um mir einen elektrischen Rasierapparat zu kaufen,
damit ich mich nicht einmal beim Rasieren im Spiegel
anschauen musste. Bis ich mich eines Morgens – mehr
wegen der Albträume als wegen der Misshandlungen,
zum Direktor begab, um mit ihm zu reden. Ich erzählte
ihm alles, gestand, dass ich Beihilfe leistete, weil ich ja
die Zellen herrichtete und weil ich die Prügeleien nie
verhindert hatte. Ich dachte, er würde vom Sessel auf-
springen, stattdessen sagte er, weiter auf den Bildschirm
seines PCs blickend: „Hör zu, Junge, sagen wir mal, du
hast recht, aber was können ich und du dagegen tun?"

„Was soll das heißen? Sie können ganz bestimmt
etwas tun!", erwiderte ich. „Und ich habe jedenfalls
die Ausschreibung nicht dafür gewonnen, dass ich den
Mund halte."

„Ich hoffe, du findest eine bessere Stelle, aber sei
dir bewusst, dass es noch viel Schlimmeres gibt."

Bevor ich nach Asti umzog, fuhr ich bei meinen Eltern
vorbei. Ich hatte sie schon länger nicht mehr gesehen.
In der ersten Zeit besuchte ich sie jede Woche – mit

dem Auto brauchte ich etwa zwei Stunden –, dann einmal im Monat. Wenn ich nicht im Gefängnis war, blieb ich zu Hause, schlief und aß auf dem Sofa, versuchte, Kreuzworträtsel zu lösen, die ich nie ganz ausfüllen konnte. Ans Telefon ging ich nur selten. Ich hatte keine Lust zu erzählen, wie meine Tage abliefen.

„Warum besuchst du nicht auch deinen Bruder in Bologna?", fragte meine Mutter beim Tischabräumen. „Er würde sich freuen, und ich und dein Vater auch."

„Ja, da könnte ich vorbeifahren", erwiderte ich.

Mimì begrüßte mich, als hätten wir uns am Tag zuvor zum letzten Mal gesehen. Er ging mit mir in eine Osteria mit orangeroten Wänden, um Tagliatelle alla Bolognese zu essen. Draußen regnete es, und ich fühlte mich wohl in der Osteria mit den orangeroten Wänden, während ich mit ihm Lambrusco trank. Mein Bruder war noch schlimmer als ich: Um bloß nichts von sich zu erzählen, bombardierte er mich mit Fragen.

„Wenn das Verhör vorbei ist, sagst du mir dann auch mal was?"

„Alles in Ordnung", antwortete er ohne Überzeugung.

„Die Fotos von der Kleinen sind wunderschön, Mama würde morgen früh nach Bologna umziehen, wenn sie nur endlich Oma sein dürfte."

„Papa dagegen würde da nicht mitmachen …"
„Du bist ein bedeutender Arzt geworden, ist dir das klar?", sagte ich und blickte ihm ins Gesicht.

Daraufhin zuckte Mimì die Achseln: „Ich arbeite als Anästhesist, Anto'. Ich gehe in den Operationssaal, betäube die Körper von Leuten, die ich gar nicht kenne, und um nicht drunter zu leiden, wenn sie nicht mehr aufwachen, tue ich so, als wären es Stoffpuppen."

Ich sah ihn weiter an, um zu begreifen, worauf er hinauswollte, bis er hinzusetzte: „Wenn du den Schmerz der anderen zu nahe an dich heranlässt, wirst du verrückt."

Als er das sagte, war mir plötzlich, als hätten mein Leben und das von Mimì etwas gemeinsam, so verschieden sie auch waren. Etwas, worüber wir nie gesprochen hatten. Ich bekam Lust, ihm von mir zu erzählen, von dem elektrischen Rasierapparat, den ich gekauft hatte, um mich nicht im Spiegel sehen zu müssen, doch während ich noch schweigend nach Worten suchte, bestellte er zwei Amaro und begann wieder, über belangloses Zeug zu reden.

Zu Hause spielte ich mit Viola, sie war gewachsen, wurde nächstes Jahr vier. Als mein Bruder wiederholte: „Schade, dass du keine Kinder hast, sie hätten jetzt zusammen spielen können", bat ich ihn, das nicht mehr zu sagen.

„Mimì", mischte sich seine Frau ein, während sie grüne Bohnen wusch. „Dein Bruder hat recht, hör doch endlich auf mit dieser Geschichte."

Ich schlief in Violas Zimmer, ihr Bett war zum Ausziehen. Wir spielten mit ein paar Gummipuppen, zu denen ich lustige Geschichten erfand. Sie lachte in dem von der Nachttischlampe erhellten Zimmer, und bevor sie das Licht ausmachte, sagte sie, dass sie mich eines Tages gern bei der Arbeit abholen würde.

„Aber ich arbeite im Gefängnis!"

„Na gut, Onkel, dann komme ich halt ins Gefängnis", brabbelte sie fröhlich.

In Asti mietete ich mir eine kleine Zwei-Zimmer-Wohnung über der Konditorei Alfieri. An den leeren Tagen stopfte ich mich mit Maron Glacé voll, und da es nicht wenig leere Tage gab, setzte ich Bauch an. Bei der Arbeit hielt ich die Augen offen, um herauszufinden, ob hier die gleichen Sachen passierten wie in Sulmona: die Beamten, die sich mit Blicken verständigen, das Herausholen aus den Zellen, die Strafexpeditionen fernab von den Überwachsungskameras. In den Gängen des Gefängnisses kam mir der Satz über die Stoffpuppen wieder in den Sinn, den mein Bruder im Restaurant zu mir gesagt hatte, manchmal träumte ich sogar nachts von diesen Stoffpuppen. Und mir fielen auch die Worte wieder ein, die der Direktor in Sulmona zu mir gesagt hatte, als ich meine Versetzung beantragte: „Das System ist groß und wir sind klein, Pasquali. Mit dieser Wahrheit musst du dich abfinden."

Tatsächlich lief es in Asti besser, der Direktor ließ sich jeden Tag blicken und die Kollegen waren zurückhaltend, keiner zu kumpelhaft, keiner zu forsch.

Dann wurde ich eines Tages in den Hochsicherheitstrakt versetzt, Mafia, Morde, Bluttaten. Andrea Gerardi war ein vierzigjähriger Psychotiker, ein ehemaliger Boxer, der zuletzt mit Heroin gedealt hatte. In Wirklichkeit war er nicht in Isolationshaft, weil er ein Mafioso war, und er hat, glaube ich, auch nie jemand umgebracht. Er saß da drin, weil er zuschlug wie eine Furie. Sobald einer die Tür öffnete, sprang er ihm an den Hals. Egal wer es war, alt oder jung, bewaffnet oder nicht, in Uniform oder in Zivil. Er hatte drei Beamte verletzt, zwei mussten sich im Gefängnis verarzten lassen, einer musste direkt ins Krankenhaus. Während er prügelte, wiederholte er wie besessen: „Ich bin unschuldig!" Statt den Fall zu melden, beschlossen ein paar Beamte, ihm eine Lektion zu erteilen, um die übel zugerichteten Kollegen zu rächen. Da es unmöglich war, ihn zu bremsen, begannen sie, ihm weniger zu essen zu geben. Ich erwischte sie im Vorraum und sah, wie wenig sie auf seinem Teller ließen. Sie schütteten die Maccheroni weg, gaben ihm kein Fleisch mehr und ließen nur das fade Gemüse übrig.

„Was macht ihr da?"

„Dieser Hund schlägt die Beamten krankenhausreif. Misch dich nicht ein und verschwinde."

Vom nächsten Tag an leerten sie den Teller nicht mehr vor meinen Augen, sondern sprachen sich mit dem Kollegen ab, der die Mahlzeiten austeilte. So bekam Andrea ein paar Wochen fast nichts mehr zu essen, bis er nicht mehr knurrte, nicht mehr stundenlang mit Fäusten gegen die Eisentür hämmerte, nicht mehr über die Leute herfiel, die die Zelle betraten. Er wiederholte nur immerzu mit seiner eisigen Stimme: „Ich bin unschuldig."

Nach einem Monat kam die Anordnung, ihn in die psychiatrische Klinik zu verlegen. Dort gaben sie ihm wahrscheinlich ein paar Teller Pasta mehr, ein paar Schlaftabletten, um ihn ruhig zu halten, und sobald er wieder herumschrie, fesselten sie ihn ans Bett. Etwa einen Monat behielten sie ihn dort, vielleicht ein bisschen länger. Im Rollstuhl sah ich ihn zurückkommen an einem Tag, als draußen dichter Nebel herrschte, dürr und abgemagert, mit weiß geflecktem Bart, tiefliegenden Augen und bläulichen Adern rund um die Wangenknochen. Immer noch wiederholte er diesen Satz, aber so, als verstünde er seinen Sinn nicht mehr. Damit er etwas aß, überredete ich einen Mithäftling, ihn zu füttern.

Ich gab es nie zu, aber alle wussten, dass ich es war, der den Fall gemeldet hatte. In den Fluren gingen die zwei Beamten neben mir her und zischten zwischen den Zähnen: „Hau bloß bald ab, Pasquali, bevor dir hier was zustößt."

Beweisen konnte ich es nie, aber ich war mir sicher, dass Gerardi kein Einzelfall war. Ich war mir ganz sicher, genau wie sich diese Beamten sicher waren, dass ich meinen Verdacht nie äußern und mich auch nie zwischen ihre Tritte und den Körper eines ins Visier geratenen Häftlings stellen würde. Vielleicht steht uns die Feigheit ins Gesicht geschrieben, deutlich sichtbar wie die Farbe der Augen.

Eines Tages kam mir zu Ohren, dass Andrea entlassen worden war. Ich erfuhr es erst nach einiger Zeit, weil man mich erneut intern versetzt hatte.

„Erinnerst du dich an den im Rollstuhl?", fragte Mario am Eingang, ein Beamter aus Neapel, mit dem ich bei Feierabend öfter eine Zigarette rauchte.

„Ja klar, Andrea Gerardi."

„Sie haben ihn freigesprochen."

„Wirklich?"

„Heute früh kam seine Mutter hier vorbei. *Wissen Sie, dass mein Sohn unschuldig war?*, hat sie zu mir gesagt. *Letzte Woche haben sie ihn freigesprochen. Und vor drei Tagen ist er gestorben.*"

Zu meinem Geburtstag kam Mimì nach Asti. Er rief mich an, als er schon in der Stadt war, und sagte, er werde das Ende meiner Schicht abwarten, um mit mir essen zu gehen.

Wir aßen piemontesisches Rindertatar in einem vornehmen Lokal, wo ich mit unseren Eltern gewesen war, als sie mich zu Weihnachten besucht und die ganze Zeit wiederholt hatten, ich sähe angeschlagen aus.

„Wie geht's bei der Arbeit?"

„Ich glaube, die Gefängnisse sind alle gleich."

„Wie meinst du das?"

„Wenn du in Ruhe leben willst, musst du Hausmeister werden, so wie die in großen Wohnhäusern. Dann hast du bloß einen schwereren Schlüsselbund."

„Aus Sulmona bist du aber stocksauer weggegangen."

„Ja, weil sie die Gefangenen prügelten", erwiderte
ich. „Allerdings habe ich den Eindruck, dass es in Asti
nicht viel anders zugeht."

„Wirklich?"

„Tja … Und ich glaube, nachdem ich die Scheiße
dauernd vor Augen habe, gewöhne ich mich langsam
dran. Früher oder später ist es mir schließlich egal, so
wie den älteren Beamten."

„Warum machen sie das?"

Ich zuckte die Schultern. „Um andere Beamte zu
rächen, um Rechnungen zu begleichen, weil ihr Leben kaputt ist … Im Gefängnis verroht man, und dann
reagiert man sich so ab. Die Gefangenen sind ja sowieso Menschen zweiter Klasse, um die schert sich
keiner."

„Und du kannst wirklich nichts tun?"

„Klar könnte ich was tun, Mimì, aber so viel Kraft
habe ich nicht. Wenn du allein mit bloßen Händen vor
einem Berg Scheiße stehst und nicht mal eine Schaufel
hast, was kannst du dann schon machen?"

Mimì sah mich nachdenklich mit einem melancholischen Lächeln um die Mundwinkel an, dann sagte er
mit veränderter Stimme: „Weißt du, dass wir uns getrennt haben, Giulia und ich?"

„Was?!" Ich hob ruckartig den Kopf.

„Ja, Anto', es ist aus."

„Aber wieso denn?"

„Aus vielen Gründen …", antwortete er vage.

„Hast du eine andere?"

„Nein!"

„Warum dann?"

„Ich hab's dir ja gesagt, aus vielen Gründen."

„Herrgott, jetzt sag mir doch wenigstens einen."

Er schnaufte ungehalten. „Das Leben im Krankenhaus, mit dem Kopf immer woanders …"

„Du hast doch behauptet, du könntest damit umgehen", wandte ich verblüfft ein.

„Ja, aber ich denke ständig ans Krankenhaus", fuhr er fort, während er lustlos sein Tiramisu aß. „Ich tauge weder zum Ehemann, noch bin ich als Vater präsent. Nur als Anästhesist bin ich gut, aber die Arbeit frisst mich auf", sagte er mit einer ohnmächtigen Handbewegung. „Also versuche ich, mich abzugrenzen, und rede mir ein, die vor mir liegenden Körper seien Puppen oder Pflänzchen, aber es gelingt mir immer noch nicht … Kurzum, Anto', es ist eine verdammtc Katastrophe …" schloss er und ließ den Löffel in das Dessertschälchen fallen.

„Manchmal denke ich, ich hätte es mir genauer überlegen sollen, bevor ich auf eigenen Beinen ins Gefängnis gegangen bin."

„Ach, hör schon auf."

„Mimì, warum machen wir keine Trattoria auf?", fragte ich, während ich ihm Wein nachschenkte. „Wir gehen an die Riviera und eröffnen ein Restaurant am Meer, was hältst du davon?"

Er schüttelte den Kopf. „Ich könnte nichts anderes machen, Anto', da bin ich mir sicher."

„Willst du dein ganzes Leben damit verbringen, Leute zu betäuben? Und zu warten, bis sie dir wirklich wie Pflanzen vorkommen?"

„Ich fürchte, ja", erwiderte er und stand auf.

Wie stritten ein bisschen herum, wer die Rechnung bezahlen dürfe, gingen ein paar Schritte Richtung Kathedrale, und dann fuhr er wieder ab.

„Es tut mir leid, dass ich nicht über Nacht bleiben kann", entschuldigte er sich, bevor er ins Auto stieg. „Morgen früh um halb sieben muss ich im OP sein. Aber du solltest mich bald besuchen, in einer Woche ziehe ich von Bologna raus in die Hügel. Komm ein paar Tage zu mir, dann wirst du auch diese Friedhofsblässe los", fügte er mit dem gleichen melancholischen Lächeln hinzu, das ich vor diesem Abend noch nie an ihm gesehen hatte.

Stattdessen verging ein weiteres Jahr. Und mein Leben ging so weiter wie immer, draußen und drinnen im Gefängnis. Nachts wachte ich dauernd auf und schluckte haufenweise Melatonintabletten, um schlafen zu können. Wenn ich mich selten einmal im Spiegel betrachtete, sah ich ein aufgedunsenes Gesicht. Die einzige Neuigkeit war, dass ich begonnen hatte, mit einer Frau auszugehen, die ich über Tinder kennengelernt hatte. Cristina war Krankenschwester, war fünf Jahre älter als ich und hatte einen so blühenden Körper und eine so fröhliche Stimme, dass ich nicht begreifen konnte, warum sie sich mit einem schlaffen Kerl wie mir abgab. Bevor ich mit ihr ausging, ging ich zu den Nutten. Wenn das Gehalt auf dem Girokonto eingegangen war, fuhr ich an den Anfang der Provinzstraße und ließ eine Nigerianerin einsteigen.

„Los, erzähl mir was von dir, damit ich dich kennenlerne", sagte Cristina, wenn wir miteinander geschlafen hatten.

„Ich weiß nicht, was ich sagen soll", antwortete ich verlegen und zog mir das Laken über die Brust.

Dann erzählte sie mir Geschichten von früher, als sie klein war und in Neive, einem kleinen Dorf in den Langhe, wohnte. Es war schön, Cristinas Geschichten zuzuhören, und es tat mir leid, dass es mir nicht gelang, ihr nach der Liebe irgendetwas zu sagen.

Wir trafen uns sechs Monate lang, dann sagte Cristina eines Tages an der Haustür zu mir, dass sie es satt habe.

„Du rufst mich nie an, ich interessiere dich eigentlich gar nicht. Du willst nur vögeln."

Ich tat nichts, um mich zu entschuldigen oder sie
vom Gegenteil zu überzeugen. Ich reagierte auf nichts
mehr, weder auf die Klagen meiner Mutter noch auf
die der Gefangenen. Cristina kehrte mir den Rücken,
und anstatt ihr nachzulaufen, ging ich zur Arbeit.

An dem Nachmittag gab es Aufregung in den Zellen,
der Lärm an den Gittern war lauter als sonst, und es hieß,
einige Häftlinge seien aufs Dach geklettert. Als ich einen
Kollegen fragte, was los sei, erwiderte er giftig: „Wo
lebst du eigentlich, du Idiot?", und ging davon. Ich näherte mich einer Zelle, um den Häftlingen, die sich auf
der Schwelle drängten, zu befehlen, sich zusammenzu-
reißen, und begegnete dem Blick eines Afrikaners mit
blutunterlaufenen Augen und zwei mit zerschlissenen
Binden umwickelten, geschienten Fingern. Eine Ewigkeit starrten wir uns an, er auf der Pritsche, die Ellbogen
auf die Knie gestützt, ich mit den Händen in den Ta-
schen und verkniffenem Mund. Unverwandt hielt er
seine misshandelten, bösen Augen auf mich gerichtet,
und irgendwann konnte ich seinen Blick nicht mehr ertragen. Ich hielt einen Beamten an, der den Gang über-
querte, und sagte, er solle mich einen Moment vertreten.

„Ich kündige", teilte ich dem Direktor mit.

Ich verabschiedete mich von niemandem, nicht einmal von Mario, der da drinnen der Beste war. Bevor ich ging, sah ich noch einmal bei der Zelle Nr. 2 des Isolationstrakts vorbei, wo sie Andrea misshandelt hatten. Ich war nie mehr dort gewesen. Ich schob den Kopf in das Loch und musterte die Leere. *Letzte Woche haben sie ihn freigesprochen, und vor drei Tagen ist er gestorben*, hatte Marios Mutter gesagt, und mir war, als hörte ich die Stimme dieser Mutter, die mich beschimpfte, weil auch ich am Tod ihres Sohnes mitschuldig war.

Zu Hause holte ich eine Reisetasche aus dem Schrank und warf aufs Geratewohl ein paar Sachen hinein. Es war Juni, ein paar Shorts und einige T-Shirts genügten. Per Handy kaufte ich eine Fahrkarte nach Bologna und schickte Mimì eine SMS, um ihn von meiner Ankunft zu verständigen. Ich ging an der Torre dell'Orologio vorbei und dachte mit wegen dem hellen Himmel zusammengekniffenen Augen, dass dieser Turm schön sei und dass die ganze Piazza schön sei und warum ich die Stadt, in der ich wohnte, niemals besichtigt hatte.

Während ich die Bahnhofstreppe hinunterging, hörte ich auf einmal meinen Namen. Es war Cristina, die mir mit raschen Schritten folgte. Als sie vor mir stand, sagte sie, sie rufe mich schon eine ganze Weile.

„Hast du mir nichts zu sagen?"

„Ich weiß nicht", erwiderte ich mit gesenktem Blick.

„Sehr gut", knurrte sie sarkastisch.

„Ich freue mich, dich zu sehen."

Sie sah mich nachdenklich an, mit missmutigem Gesicht.

„Nicht mal rasieren kannst du dich, du hast noch Stoppeln um die Lippen."

„Ich hatte es eilig", erwiderte ich, mir instinktiv an den Mund fassend.

„Antonio, ich bin schwanger."

Ich stieg noch eine Stufe hinunter und betrachtete ihre Füße.

„Hey, hast du mich verstanden?"

„Ja."

„Wenn du aufhörst, so blöd zu schauen, könnten wir es behalten."

Reglos blieb ich weiter in dieser unbequemen Stellung stehen, sie zwei Stufen über mir und rundherum mit Koffern beladene Leute, die hastig hinauf und hinunter eilten. Ich starrte auf ihre Schultern, ihren Busen, ihre nackten Beine, denn unterdessen war es, ohne dass ich es bemerkt hatte, wieder Sommer geworden. Ich weiß nicht, was mich packte, doch plötzlich musste ich lachen. Zuerst bebend und verhalten, dann dröhnend und so laut, dass das Lachen in Weinen überging. Erschrocken wich sie noch eine Stufe zurück, dann, als sie sah, dass ich gar nicht mehr aufhörte, begann sie, mich zu streicheln. Sie ließ mich in dieser Stellung schluchzen, bis mein Zug angekündigt wurde. Da hob Cristina meinen Kopf und begleitete mich zum Gleis.

Gleich nach meiner Ankunft in Bologna erzählte ich alles Mimì, ich legte ihm die Hände auf die Schultern, ich musste mich festhalten, um nicht das Gleichgewicht zu verlieren. Steif standen wir in der heißen Sonne auf dem Bahnsteig, und auch Mimì legte erst den Kopf zurück, sah mich schweigend an und lachte dann los.

„Siehst du?", sagte er und griff nach meiner Tasche. „So können die Kinder zusammen spielen."

Claudia Durastanti

Die Magier
aus dem Fernsehen

Aus dem Italienischen von Petra Kaiser

CLAUDIA DURASTANTI (Brooklyn, 1984) ist Schriftstellerin und literarische Übersetzerin. Für ihren Debütroman über Jugendliche in Amerika (*Un giorno verrò a lanciare sassi alla tua finestra*, Marsilio, 2010) erhielt sie den Premio Mondello Giovani. Es folgten *A Chloe, per le ragioni sbagliate* (Marsilio, 2013) und *Cleopatra va in prigione* (minimum fax, 2016). Mit ihrem zuletzt erschienenen Roman *La straniera* (La nave di Teseo, 2019, dt. *Die Fremde*, Zsolnay 2021), der Erzählung einer zeitgenössischen éducation sentimentale, kam sie ins Finale des Premio Strega; der Roman wurde in fünfzehn Sprachen übersetzt. Durastanti ist Gründungsmitglied des Festival of Italian Literature in London und lebt zur Zeit in Rom.

Im Fernsehen lief jeden Abend eine Sendung mit Magiern, die einen Kranken heilten, indem sie Fleischstückchen aus seinem Bauch zogen.

Zuerst massierten sie den Brustkorb, und wenn der Patient sich dabei vor Schmerzen wand, guckten sie ihn strafend an und forderten ihn auf, ruhig durchzuatmen. Wenn er den Anblick nicht ertragen könne, solle er gefälligst die Augen schließen. Dann ließen sie die Hände nach unten wandern, blieben aber in der Schwebe, einen Zentimeter über dem Bauch. Jeden direkten Kontakt mit der Haut versuchten sie tunlichst zu vermeiden, denn die Krankheit strahlte so heftig aus, dass sie höllisch aufpassen mussten, um keinen Schlag abzubekommen. Wichtig war, den richtigen Augenblick abzuwarten. Erst dann formten sie die Hände zu einer Schale und zogen einen glatten Klumpen heraus, so glitschig wie Leber, und achteten anschließend sorgsam darauf, dass er ihnen nicht aus der Hand flutschte und zu Boden fiel. Wie Gott und das Schicksal, von dem auch sie abhängig waren, war die Krankheit unfassbar. Die Magier, gewöhnlich traten sie zu zweit auf, zeigten der Kamera und den Zuschauern zu Hause ein Stück Fleisch, dann hielten sie es dem Patienten hin, der angewidert die Augen schloss. Ich mochte vor allem dicke, dunkle Klumpen, aber das hing ganz vom Kranken ab. Normalerweise waren es Männer mittleren Alters, die diese schwarzen, glibberigen und schwer zu heilenden Krankheiten hatten. Die Magier warfen den Klumpen in eine Nierenschale, wischten sich die Hände an einem Lappen ab, dann übernahm wieder der Moderator im Studio, ohne dem Patienten, der so tat, als schliefe er, weitere Fragen zu stellen. Die Sendung kam jeden Abend gegen halb neun, zur üblichen Essenszeit. Ein paar Jahre belegte sie diesen Sendeplatz, bis Verbraucherschützer und Onkologen irgendwann lautstark dagegen protestierten.

Anfänglich wollte Carla nichts davon wissen, um diese Uhrzeit hätten wir uns eigentlich die Nachrichten angesehen, aber dann fand sie sich damit ab, setzte sich zu mir auf den Teppich, mit dem Rücken ans Sofa gelehnt; dabei balancierten wir unsere Teller mit Mayonnaise-Thunfisch-Tramezzini auf den Knien. Immer wenn der Magier zur Extraktion schritt, ließ Carla das Essen sinken und gab mit halboffenem Mund ihrer Missbilligung Ausdruck.

„Ich verstehe einfach nicht, was du daran so spannend findest. Das ist doch alles Hokuspokus, so als zöge dir ein Zauberer eine Silbermünze aus dem Ohr. Du weißt doch genau, dass es nur ein Trick ist, Nina. Wieso siehst du dir sowas an?"

Aber ich freute mich jedes Mal, wenn der Magier das kranke Gewebe aus dem Bauch entfernte. Mir gefiel alles: der verschwitzte Verband auf der Stirn des Patienten, seine braune Haut und die dunklen Ringe unter den Augen, das feuchte Stöhnen aus seinem Mund, und dann die Befriedigung des Magiers, wenn er den blutigen Klumpen angestrengt in der Hand balancierte, damit er ihm nicht wegrutschte, und bei diesem Kunststück beinah ins Straucheln geriet. So wurde aus dem würdevollen Priester, der er eigentlich war, im Handumdrehen ein komischer Clown.

Auch die Frauen im Stockwerk über uns sahen regelmäßig die Sendung mit den Magiern, die Kranke heilen.

Von unten konnte ich die Erkennungsmelodie hören, weil sie den Fernseher immer sehr laut laufen ließen, vielleicht um die abwechselnden Lustschreie ihrer Orgasmen zu übertönen. Um diese Uhrzeit hatten sie keine Kunden, die letzten Nachmittagsbesucher verschwanden um sieben und die nächsten kamen erst gegen zehn Uhr abends.

Oben in der Wohnung waren sie immer zu viert oder zu fünft; wir kannten sie, weil sie manchmal vorbeikamen, um sich Zucker oder Tabletten gegen Menstruationsbeschwerden zu leihen, und wir wussten, wie sie hießen, weil die Namen immer laut gebrüllt wurden, wenn eine von ihnen am Telefon verlangt wurde. Carla ließ sie nie in die Wohnung. Ich schon; wenn ich nach der Schule allein war und mich langweilte, lud ich sie ein, mir Gesellschaft zu leisten. Sie rauchten eine Zigarette, wedelten mit matter Geste den Rauch weg, fragten nach meinen Hausaufgaben – am liebsten in den naturwissenschaftlichen Fächern, denn sie gaben sich als verhinderte Krankenschwestern oder Tierärztinnen aus – und erkundigten sich dann, ob Carla denn wirklich meine Mutter sei. „Ja, klar", sagte ich dann. Sie starrten mich an, als wäre ich blöd, und ich grinste, ohne weitere Erklärungen abzugeben. Obwohl Carla auf Barbados geboren war und ich in Rom, obwohl sie dunkelhäutig war und ich nicht. Und ähnlich sahen wir uns schon gar nicht, hatten keinerlei genetische Gemeinsamkeiten, trotzdem war Carla technisch gesehen meine Mutter. Von Rechts wegen gehörte sie mir, und ich ihr.

Eigentlich war das Radio Hotel technisch wie rechtlich ein Stundenhotel, aber die Frauen aus der Etage über uns wohnten auch dort, legten sich aber nie mit den Eigentümern an. Die einzige Verbindung zu den Eigentümern bildeten die Männer, die regelmäßig kamen, um sauber zu machen, und für die Instandhaltung zuständig waren, ihrerseits jedoch kaum Kontakt zu den Eigentümern hatten. Ich sah sie frühmorgens, wenn ich zur Schule ging, sie brachten den Frauen frische Bettwäsche oder holten eine Leiter aus dem Keller, um eine Glühbirne auszutauschen oder einen Duschkopf zu reparieren, wobei sie sich über die Nachlässigkeit der Mieterinnen beschwerten. Sie grüßten mich nie offen, nickten nur kurz mit dem Kopf, um mir mitzuteilen, dass sie mich gesehen hatten.

Im Radio Hotel war, genau wie in unserer Wohnung, seit Jahren nichts mehr gemacht worden, in allen Zimmern zog es. Deshalb hatten die Frauen die Fenster verhängt, mit einem Stoff, der mit Elefanten bedruckt war und mit Reißzwecken an den Rahmen gepinnt wurde, demselben Stoff, den meine Kommilitoninnen im Studentenheim als Bettdecke verwendeten und den auch ich später selbst kaufte, an den Marktständen vor der Fakultät, wobei ich ein bisschen mit den Händlern feilschte, aber eher halbherzig. Sie waren ohnehin Opfer krimineller Schutzgelderpresser, ein Euro mehr oder weniger machte da keinen Unterschied.

„Sie wollen aber, dass du verhandelst. Für sie ist das ein Zeichen von Respekt, in ihrem Land ist das üblich."

„Welches Land denn?", fragte ich, und es waren immer dieselben Länder: Marokko, Senegal, Nigeria; immer dasselbe.

Ich wusste, wie die Zimmer im Radio Hotel aussahen, weil ich gelegentlich nach oben ging, wenn eine der Frauen frei hatte und mir für ein Fest die Nägel lackierte oder die Haare machte. Wir unterhielten uns über meine Mitschüler; manchmal machten sie auch Witze über Carlas Liebhaber, sie brachten mir bei, wie man Zigaretten dreht, und ich leckte mir die Tabakkrümel von den Fingern.

Wenn uns zufällig eine von ihnen mit einem Kunden vor dem Aufzug begegnete, ließ Carla sie immer vor, wir beide blieben dann auf dem Treppenabsatz neben der Haustür stehen und warteten. Dabei spielte Carla immer die Höflichkeit in Person und lächelte zuckersüß, wandte aber den Blick ab und drückte fest meine Hand.

„Hast du etwa geraucht, Nina?", fragte sie im Aufzug und schnüffelte dabei an meinen Haaren; nein, nein, schwor ich, und sie zwickte mich in die Nase. Ich wusste es nicht, aber ich war eine Lügnerin.

Alle im Haus glaubten, auch Carla sei eine, die sich für Sex bezahlen ließ.

Sie schrie am lautesten von allen, und die Nächte waren schwierig.

Deshalb vermied sie jeden Kontakt zu den anderen Frauen, weil sie unbedingt verhindern wollte, dass irgendein Kunde bei uns klopfte, weil er sie für eine Prostituierte hielt.

Mit dem einen oder anderen Liebhaber stritt sie sich so lautstark, dass die anderen Mieter die Sozialarbeiter alarmierten, die allerdings nur widerstrebend kamen. Sie sammelten Informationen, notierten Daten, Namen und Vornamen, und kamen dann zu uns, um herauszufinden, was los gewesen war.

Sie erkundigten sich, ob ich zur Schule ging, ob wir zu essen hätten, wer uns besuchte.

Außerdem wollten sie wissen, ob Carla rauchte, ob sie dealte und ob sie Arbeit hatte.

94   Das Problem, sagten die Sozialarbeiter, seien die
Männer. Schlechter Umgang, schlechte Angewohnhei-
ten; Italien befinde sich in einem kritischen Moment,
die Männer seien frustriert, weil sie keine Arbeit hätten,
verfielen deshalb dem Glücksspiel und ruinierten sich,
und die Barbetreiber nützten das schamlos aus. In diesen Gesprächen ging es zu wie bei einer Soziologie-
Prüfung, für alles hatte man Verständnis, für alles eine
Erklärung: Nie waren psychische Störungen schuld,
immer geopolitische Ursachen oder die Finanzkrise
oder der Niedergang des Euro, die Ärmsten hatten eben
zu viel Faschismus im Kopf und im Herzen die „Magischen" vom AS Rom, mit der schon wieder verkorksten
Saison. Ihre Probleme blieben für mich genauso unfassbar wie der glitschige Klumpen, der angeblich ein
Tumor war.

Irgendwann ließ ich meine Hausaufgaben liegen
und ging rüber in die Küche, um Kaffee zu machen.
Wenn ich mit dem Tablett zurückkam, weinte sie schon
und erzählte von den Streitereien und den blauen Flecken, in dieser Reihenfolge, ich verteilte die Tassen,
fragte, wie viel Zucker, und legte ihr die Hand auf die
Schulter, in dieser Reihenfolge. Die weniger netten Sozialarbeiter verlangten die Adoptionspapiere zu sehen;
dann holte Carla eine Plastikbox mit hellblauem De-

ckel hervor, die sie unter dem Bett verwahrte, sortierte
hektisch die Blätter und legte dann zufrieden die ge-
wünschten Papiere vor.

Heute verwahre ich selbst diese Papiere in derselben Box, in einer Schublade meines Schreibtischs im
Arbeitszimmer, kein Mensch will sie mehr sehen, außerdem brauche ich nie mehr zu sagen „Carla ist nicht
mein Kindermädchen" oder „Ich kann mir kein Kindermädchen leisten: Ich bin arm", was allen peinlich
ist, mir aber tierischen Spaß macht, weil ich sie aus
dem Konzept gebracht habe.

Die Papiere liegen dort zusammen mit der medizini-
schen Enzyklopädie von Larousse, in der ich mir als
Kind die groteskesten Krankheiten ansah und nach
Heilmethoden suchte, die denen der Magier im Fernsehen glichen. Damals schlug ich immer als Erstes die
Seiten auf, auf denen Kinder mit Elefantiasis oder einer
seltenen Pockenform abgebildet waren, die in der Haut
tiefe Krater hinterlässt, dabei hielt ich mir die Augen zu
und linste durch die Finger. Ich las die kurzen Bildun-
terschriften, um sicherzugehen, dass es sich dabei wirklich um seltene Krankheiten handelte. Zum Glück traten
sie nur in einer bestimmten Entfernung vom Äquator
auf, zudem gab es eine größere Häufung beim männli-
chen Geschlecht oder bei nicht kaukasischen Rassen.

Carla hatte mir, genauso wie die Frauen aus dem Radio Hotel, wiederholt versichert, dass ich weiß war. Vielleicht war ich ja wirklich in Sicherheit. Das war auch der Grund, warum die Sozialarbeiter uns irgendwann in Ruhe ließen.

Interview mit Raul Amante Andrada
Es spricht der Heiler aus dem Fernsehen nach seinem Freispruch von der Anklage des schweren Betrugs.

„…"

„Sie wurden nie von einem Patienten angezeigt."

„Nein, nie. Kein einziges Mal in zwanzig Jahren beruflicher Tätigkeit. Aber ich bevorzuge die Bezeichnung *Betreute*. Ich bin kein Arzt."

„Also Kunden."

„Ich erhalte nur freiwillige Spenden. Nennen wir sie Betreute."

„Wie erklären Sie sich dann die Anzeige, die Verhaftung, dieses Scherbengericht? Wer will Ihnen schaden?"

„Es gibt eine allgemeine Wertekrise. Die Werte, für die wir Heiler eintreten, werden nicht mehr durchgängig akzeptiert. Ich hege keinen Groll gegen das

Recht. Höchstens gegen das Internet. Dort werden Erklärungen zur Religion erhoben, wird der Wissenschaft eine grenzenlose Macht verliehen, aber auch
ihrem Gegenteil. Zwischen Wissenschaftshörigkeit
und Verschwörungstheorien geht der Glaube unter.
Das Ritual zerbricht. Aber was ist die Überwindung
des Übels ohne Ritual?"

„All Ihre Betreuten sind gesund geworden."

„Alle."

„Viele von ihnen nahmen Medikamente und unter-
zogen sich einer Chemotherapie."

„Ja, fast alle."

„Dennoch behaupten alle, sie wären von Ihnen ge-
heilt worden."

„Ausschlaggebend ist das magische Ritual, die hei-
lende Geste. Das Problem des Internets ist nicht die
mangelnde Wissenschaftlichkeit oder der Glaube an
Wunder: Das Hauptproblem ist vielmehr, dass es dort
kein heilendes Ritual gibt."

Einer von Carlas Lieblingssätzen lautete: „Das erste
Mal, wo dich die Polizei nicht gerettet hat, vergisst
du nie."

Diesen Satz wiederholte sie jedes Mal, wenn sich im
Viertel ein Unfall ereignete oder in den Nachrichten

eine Schlüsselszene gezeigt wurde. Sie war nicht dramatisch veranlagt, fand aber das Versagen staatlicher Behörden unerträglich. Sie glaubte nicht an die Demokratie, sondern an die gefühlsmäßige Macht der Institutionen.

In ihren Augen sollte man die Bürger behandeln wie Geiseln bei einer Entführung: Durch unverfängliches Plaudern über Funk sollte der zuständige Beamte den Entführer besänftigen, sich dabei selbstbewusst geben wie einer, der die Lösung hat, und schließlich die befreiten Frauen und Männer in blutverschmierten Hemden in die Arme schließen. Obwohl Carla in einem armen Dorf ohne nennenswerte medizinische Versorgung aufgewachsen war, legte sie keinerlei Wert auf Ärzte, schon gar nicht auf Pseudoärzte wie im Fernsehen. Polizisten waren ihr lieber, die erregten ihr Interesse, mit einem war sie sogar mal verlobt gewesen, doch dabei ging es ihr eindeutig darum, ein Kindheitstrauma aufzulösen. Ich zog sie immer damit auf.

„Ausgerechnet du lässt dich von einer Uniform blenden. Was hast du dir bloß davon versprochen?"

Als die Polizei sie zum ersten Mal im Stich ließ, war Carla noch ein kleines Mädchen, das auf einem Fahrrad mit Stützrädern fuhr. Damals brach in dem Haus, in dem ihre Familie mit weiteren drei Familien wohnte, ein Feuer aus, ihr Vater trug schwere Verbrennungen davon und war danach dauerhaft arbeitsunfähig.

Carla ging zur Schule, so lange sie konnte, aber mit sechzehn verlangte ihre Mutter, dass sie arbeiten ging, um die schmale Invalidenrente aufzubessern; daraufhin gab Carla der lokalen Polizeikaserne die Schuld daran, dass sie in einer Kaffeebar hinter der Theke stand. Denn in der Wache hatte man sämtliche Hinweise der Mitbewohner auf pyromanische Neigungen des Mannes aus dem letzten Stock einfach ignoriert. Die Polizei war zu spät gekommen, und Carlas Mutter war vor Wut in Ohnmacht gefallen.

„Wie oft haben wir angerufen, wie oft um Hilfe gebeten", hatte sie geschrien, bis ihr die Stimme versagte, die Nachbarinnen herbeiliefen, um ihr beizupflichten, und den Polizisten ins Gesicht spuckten.

Carla war aufgewachsen mit dem Spruch, dass der Staat nie da ist, wenn man ihn braucht.

Um seine entstellte linke Körperhälfte zu verstecken, verkroch sich ihr Vater immer im dunklen Schatten des Wohnzimmers, wo stets die Jalousien heruntergelassen waren, und immer, wenn Carla ihm beim Essen half, musste sie diese Litanei über sich ergehen lassen.

„So, bitte sehr: Avocado, Rohrzucker und gequetschte Bananen. Das Lieblingsdessert meines Vaters", rief Carla, wenn sie mir als Kind nach dem Essen eine Schüssel mit diesem Nachtisch hinstellte. „Technisch gesehen dein Großvater."

„Technisch gesehen, ja", erwiderte ich begeistert und freute mich immer, wenn ich mir sein Foto ansah, das mit einem Magneten befestigt am Kühlschrank hing. Darauf stand er auf der Treppe vor einem Holzhaus, mit Carla auf dem Arm, und trug einen eleganten, leicht verstaubten blauen Leinenanzug, sie ein weißes Baumwollkleid und gelbe Lackschuhe. Ich beneidete sie um diese ausgefallene Kleidung, doch als sie Barbados verlassen hatte, verlor sie auch die Lust an leuchtenden Farben und alles, was sie seither trug, war eng und streng. Geblieben war ihr nur ein bisschen Musik, die legte sie auf, um mir das Tanzen beizubringen.

„Du bist zu ernst, Nina. Wie sollen wir da jemals einen Mann für dich finden, wenn du groß bist?"

Als ihr Vater an Darmversagen starb, zog Carla in die Hauptstadt und lebte eine Weile in einer besetzten Wohnung in einer ehemaligen landwirtschaftlichen Genossenschaft. Sie ging mit Frauen und Männern ins Bett, manchmal sogar am selben Abend: Das erzählte sie mir allerdings erst Jahre später, als ich schon studierte und sie mich verwundert fragte, wieso ich keinen

Freund hätte. Immer allein und so schüchtern, vielleicht stand ich ja auf Frauen. Sie gab mir den Rat, Erfahrungen zu sammeln. Bei ihr habe es, alles in allem, ja auch geklappt.

Irgendwann redeten wir nicht mehr über die blauen Flecken, die ihre früheren Liebhaber ihr zugefügt hatten, und auch nicht über die Besuche der Sozialarbeiter: Das alles war lange her, und beide taten wir lieber so, als sei nie etwas gewesen. Mein gutes Abschneiden in der Schule brachte sogar die missliebigen Nachbarn zum Verstummen, bei der Arbeit erhöhte man ihr das Gehalt, ihre Haare waren weiß geworden und sie hatte zugenommen; alles gut so weit. Keiner störte mehr nachts um drei, um nachzusehen, warum sie nicht ans Telefon ging oder ob noch Licht brannte.

Inzwischen schwieg Carla, wenn wir im Fernsehen einen Film sahen, in dem häusliche Gewalt vorkam. Bis zum Ende sagte sie kein Wort, dann räumte sie den Tisch ab, zündete sich eine Zigarette an und drückte sie wieder aus, klopfte die Kissen zurecht, hockte sich aufs Sofa, zog die Knie hoch unters Kinn und sagte, es sei nicht ihre Schuld.

„Entschuldige, Nina, aber es ist nicht meine Schuld."

Dauernd belagert zu werden, war für sie ein Zeichen von Liebe: Das war auch der Grund, warum sich diese

Männer so magisch von ihr angezogen fühlten wie eine
gierige Hundemeute, die eine klaffende Wunde wittert.
Wie hätte sie denn ohne diese ganze Aufmerksamkeit
und diesen ganzen Druck wissen sollen, dass sie geliebt wurde, fragte sie mitunter und saugte dabei am
Ärmel ihres Pullovers. Ich konnte sie nie dazu bringen,
ihre Meinung zu ändern.

Immer wenn sie mich fragte, ob ich einen Freund
hätte, verwendete sie diese komische Formulierung:
„Belagert er dich?" Sie sagte nicht „Ist er für dich da?"
oder „Hat er Zeit für dich, wenn du ihn brauchst?" Und
sie sagte auch nicht: „Ist er hinter dir her?", eine unverfängliche Formulierung der Frauen aus dem Radio
Hotel, passend für mein Alter. „Belagert er dich?", so
redete Carla.

Und so kam es, dass ich beim ersten Mal, als ich Sex
mit einem hatte, der mir gefiel, zu ihm sagte: „Fall über
mich her." Ich lag auf dem Rücken, barg das Gesicht
an seinen Hals, fuhr mit der Zunge über seine ge-
schwollenen Adern und sagte schwer keuchend „Fall
über mich her", weil ich glaubte, das sei besonders sexy
und würde ihn noch mehr erregen, aber er war so erschrocken, dass ich sofort verstummte und meinerseits
größere Lust vorspielte, als ich eigentlich empfand.

Meine ersten Erfahrungen mit der Liebe waren harmlos, ganz ohne Tragödie, aber es war sinnlos, das Carla begreiflich zu machen, geschweige denn sie von ihrer Meinung abzubringen. Am liebsten hätte ich gesagt, ihre vielbeschworene Leidenschaft sei doch reiner Selbstbetrug. Doch glücklicherweise gelang es einem gleichgültigen Kerl, der in einer Familie mit tadellosem Leumund und blendendweißen Zähnen aufgewachsen war, mich eines Besseren zu belehren. Niemand musste irgendwem das Leben retten. Darum ging es gar nicht. Nicht gesehen zu werden entpuppte sich am Schluss als Vorteil.

„Hör dir das mal an: *Die in ihrem Exzess enttäuschte Liebe, vor allem die durch die Fatalität des Todes getäuschte Liebe hat keinen anderen Ausweg als den Wahnsinn. ... Ist dies die Bestrafung einer zu sehr sich ihrer Heftigkeit hingebenden Leidenschaft? Zweifellos, aber diese Bestrafung ist zugleich eine Milderung; ... Wenn sie zum Tode führt, so ist dies ein Tod, in dem die sich Liebenden nie wieder getrennt sein werden.*"

„Ist das Shakespeare?"

„Nein. Michel Foucault. Über den Wahnsinn verzweifelter Leidenschaft."

„Du bist zu ernst, Nina. Wie sollen wir da je einen Freund für dich finden."

„Du bist verrückt, Carla. Wie sollen wir da je ein Leben für dich finden?"

Während meiner Studienzeit sollte ich noch mit vielen Männern ins Bett gehen, die mir meine Rechte erklärten.

Während ich nackt unter den Laken lag, ließen sie sich weitschweifig über die staatliche Diskriminierung sozialer Randgruppen aus, entlarvten die Übergriffe des Staates und seine allgegenwärtige Inhaftnahme der Bürger und erklärten mir haarklein, wann der gesetzlich geregelte Inflationsausgleich ins Stocken geraten war. Sie empörten sich über die Politiker, die das Land regierten, meinten damit aber eigentlich ihre Väter, und erklärten mir den Marxismus mit einer Verve und Hingabe, als redeten sie von ihrer Mutter, die sie großgezogen hatte.

Für sie war es das Größte, dass ich in einer ethnisch gemischten Familie aufgewachsen war. Sie freuten sich für mich und für Carla: eine Supersache, so modern und ungewöhnlich in einer abgehalfterten Republik wie der unseren, die ihren Kolonialismus verdrängt hat; eine Schwarze, die sich eine Weiße aneignet, eine Superrevanche, dabei griffen sie auf theoretische Spitzfindigkeiten zurück, die ihrerseits alles unter den Tisch fallen ließen, was, Geschichte hin oder her, für eine Mutter-

Tochter-Beziehung wichtig war. Jedem sein Kolonialismus.

Allerdings waren mir derartige Analysen lieber als
alle Versuche, meine Traumata psychoanalytisch auf-
zuarbeiten: Sobald einer mit Lacan anfing, versank ich
in Schweigen, zum einen, um nicht als ignorantes Dum-
merchen dazustehen, zum anderen, um ihm klarzumachen, dass ich nur geküsst werden wollte und keine
Nachhilfestunden brauchte. Aber ich hütete mich auch,
aggressiv auf ihre Klugscheißerei zu reagieren: Aggres-
sivität, das war mir inzwischen klar, war kontraproduktiv, damit würde ich nur erreichen, dass sie wie gierige
Hunde über mich herfielen, genau wie früher Carlas
Männer; dabei wollte ich doch nur ein bisschen von
ihrem Geheimnis, nur so viel, wie ich brauchte, um anschließend weiterzugehen.

Auch wenn das Internet mir erklärte, wie ich mich
in Bezug auf Politik, Krankheit und Erderwärmung
fühlen sollte, verspürte ich doch noch Sehnsucht nach
einer Heilung, die sich nicht allein durch die Begegnung zweier Menschen erfüllen konnte, und ich dachte
immer wieder gern an die Worte des Magiers aus dem
Fernsehen, eines gewissen Raul Amante Andrada – ga-
rantiert ein falscher Name, hätte Carla gesagt –, der für
kurze Zeit im Gefängnis saß.

Ausschlaggebend ist das magische Ritual, hatte er gesagt.

Das Problem war nur, dass durch das Gerede der Männer alles Magische verschwand. Dabei verliebte ich mich doch nur in sie und ging mit ihnen ins Bett, weil ich hoffte, dadurch die Magie wiederzubeleben.

Auch Carla hatte ihre Altersgenossen oft nicht verstanden. Eigentlich hatte ihr das Leben damals in der besetzten Kooperative gut gefallen, denn die Leute, mit denen sie dort zusammenkam und auf einem Campingkocher karge Mahlzeiten kochte, hatten ihr, während es rasch kühler wurde und überall nach matschigem Obst roch, das Gefühl gegeben, dass ihre Jugend, wenn nicht glücklich, so doch zumindest interessant war; der Haken war nur, dass dieselben Leute penetrant genau das Gegenteil von dem behaupteten, was der Vater ihr nach dem Brand eingeschärft hatte: Das eigentliche Problem, so ihr Mantra, sei, dass der Staat immer und überall seine Finger im Spiel habe. In den Gesetzen, im Kapitalismus, in den Polizeirazzien, im institutionalisierten Rassismus. Sie gaben ihr selbst verfasste Pamphlete und Artikel zu lesen, um ihr klarzumachen, dass die Regierung, unter dem Vorwand der Fürsorge, dauernd die Bürger belagere, unter Verletzung ihrer individuellen Rechte,

alles nur, um sie fertigzumachen. Rechtlich und technisch.

Danach war Carlas anfängliche Begeisterung rasch
abgekühlt. Liebe ohne Last zählte für sie nicht. Freiheit, die nichts kostet, bedeutete ihr nichts, und mehr
als nach Freiheit sehnte sie sich nach einer festen Bin-
dung, die durch nichts und niemanden zu zerstören
war.

„Sogar als Faschistin haben die mich beschimpft,
Nina. Kannst du dir das vorstellen?", fragte sie, nach
dreißig Jahren noch immer voller Empörung.

Ich bin aufgewachsen unter einem Stundenhotel, in
dem Sicherheitskräfte ständig aus- und eingingen,
Routinekontrollen durchführten und Berichte schrie-
ben, die allerdings nie jemand las; jedenfalls kamen sie
immer zu spät, erst wenn das Haus schon brannte und
Blut bereits vergossen war. Auf Barbados hatte man
Carla als Faschistin beschimpft, doch ihr eigentliches
Problem war, dass niemand ihr beistand, weder beim
ersten noch beim zweiten Mal, und gerade weil die zuständigen Autoritäten wiederholt versagt hatten, fühlte
sie sich hilflos und sehnte sich immer stärker nach
einer unerschöpflichen Macht, die sie erlösen und beschützen würde. Doch erfüllt wurde diese lange ver-
geblich gehegte Sehnsucht erst, als sie mich adoptierte

und dadurch selbst zu dieser Macht wurde; die echte Belagerung begann durch mich.

Als ich das Waisenhaus endgültig verließ, war ich zwölf. Damals trafen Carla und ich uns schon seit Monaten regelmäßig, und die zuständigen Aufsichtspersonen fanden, dass wir gut zueinander passten. Ich verließ den Adoptionsmarkt, und das ging schneller als gedacht. Als wir in ihre Wohnung kamen, schickte sie mich zum Duschen und stellte mich dann nackt und nass auf die Waage, um zu sehen, wie viel meine Knochen wogen, meine Haut und mein Bauch, der wegen einer nie diagnostizierten und nie behandelten Skoliose leicht vorstand und mir eine komische Haltung verlieh, bevor ich sie durch Schwimmunterricht zu korrigieren begann. Ich durfte all ihre Cremes benutzen, und wir schliefen in einem Bett.

Tatsächlich schliefen wir das ganze erste Jahr zusammen. Ich wog zweiunddreißig Kilo, nahm in wenigen Monaten fünf Kilo zu. Wenn Carla sich mir näherte, drückte sie mir einen Kuss auf den Nacken, wobei ich mich steif machte wie eine kleine Krabbe, und kommentierte anerkennend: „Sehr gut, Nina. Wenn du so weitermachst, liegen dir im Gymnasium die Herzen zu Füßen."

Eindeutig ein Übergriff, aber zugleich auch eine Zärtlichkeit.

Kurz nachdem Carla und ich ausgezogen waren, machte das Radio Hotel zu.

Der Grund dafür war weder eine Razzia noch eine
Anzeige der genervten Mitbewohner: Die Besitzer hatten einfach ihre Meinung geändert und beschlossen,
die Wohnung in ein seriöses Bed & Breakfast umzu-
wandeln, das man im Internet buchen konnte.

„Gesellschaftliche Veränderungen", sagten meine
Professoren an der Uni, „sind ihrem Wesen nach ku-
mulativ, darin dem Desaster ganz ähnlich. Historische
Entwicklungen verlaufen untergründig und schlei-
chend, weshalb man auch nie von der Geschichte spre-
chen sollte. Ihr merkt es gar nicht, und schon lebt ihr
in einer anderen Welt."

Im Laufe weniger Jahre veränderte sich die Mieter-
struktur grundlegend, ohne Radio Hotel stiegen die
Mieten und das Haus gewann an Ansehen. Zum ersten
Mal in seiner Geschichte bekam es einen Portier.

Carla und ich waren zwar umgezogen, wohnten
aber immer noch im selben Viertel, und ich war
immer noch umgeben von Jungen und Mädchen, die
eine genaue Vorstellung von der Welt hatten. Die
hatte ich auch, dachte aber, der Moment, sie zu äußern, sei noch nicht gekommen. Und so sammelte ich,
während ich im Studium monotone Theorien über

meine Zeit über mich ergehen lassen musste, schweigend Informationen und dachte nach über das Radio
Hotel und die Sozialarbeiter, über Carla und ihre
Männer, überlegte, warum meine jugendliche Verwirrung nie in politische oder finanzielle Probleme um-
schlug, wo doch auch ich zu viel Rom im Kopf und
manch faschistische Versuchung im Herzen hatte; ich
sinnierte darüber, warum jede Niedergeschlagenheit
am Ende immer als Menstruationsbeschwerde durch-
ging und meine Schwermut durch Pillen statt durch
eine Revolution kuriert wurde, und über Carla, die nie
das erste Mal vergaß, als die Polizei sie im Stich gelassen hatte, aber trotzdem nie die Hoffnung verlor,
doch, als ich an der Reihe war, überhaupt nichts tat.
Weder hoffte noch telefonierte.

Ich hockte auf dem Bürgersteig vor der Wohnung
eines Mannes, mit dem ich mich seit einiger Zeit traf,
und hatte ihr eine SMS geschickt mit der Bitte, mich ab-
zuholen, dabei umklammerte ich mit den Armen die
Beine, weil sie zitterten, die Knochen klapperten so laut
wie meine Zähne, was mich noch mehr erschreckte als
das, was in diesem Schlafzimmer passiert war. Carla
stellte keine Fragen, doch als ich nicht einschlafen
konnte, sagte sie, es habe keinen Zweck, eine Anzeige
zu machen.

„Sowas kann man nicht anzeigen, Nina. Es ist nicht schön, aber auch keine strafbare Handlung."

Hätte sie den Ausdruck „strafbare Handlung" nicht benutzt, hätte ich ihr nicht geglaubt und nicht auf sie gehört, aber in diesen Dingen kannte sich meine Mutter nach jahrelangem Konsum von Gerichts- und Kriminalfilmen bestens aus. Da war sie wieder, ihre Besessenheit von Recht und Gesetz, die sie gelegentlich heraufbeschwor wie einen alten Flaschengeist.

Wie soll man ohne Ritual von einem Übel genesen?, so stand es im Interview mit Raul Amante Andrada.

An diesen heißen Sommertagen waren wir beide ein wenig zerstreut, sodass ich vergaß, die Pille danach zu nehmen, ich blieb einen Monat lang im Bett und nahm unaufhörlich zu, wie damals als Kind. Doch diesmal war jedes Kilo für Carla erst ein Grund zum Vorwurf, dann zur Sorge. Ich wollte, dass sie mich belagerte, mich nicht aus den Augen ließ und mich erdrückte, dass sie mich ausschimpfte, weil ich gar nicht mehr für die letzten Prüfungen lernte, der Studienabschluss rückte in immer weitere Ferne, ich hing nur noch vor der Glotze, meine Haut wurde von dem fluoreszierenden Blau des Bildschirms ganz weiß, am liebsten hätte ich meinerseits ihr jetzt Vorwürfe gemacht, weil sie sich in Sachen Rechte und Liebe immer so unklar ausgedrückt hatte, folglich war es auch ihre Schuld, dass ich so geworden war. Dass mir solche Dinge passieren konnten. Ich konnte nicht mehr sagen, dass es nicht ihre Schuld war.

An dem Tag, als uns das Unvermeidliche aufging, ergriff uns eine seltsame Euphorie. Das Problem war nicht, dass ich verrückt wurde: Schuld an meinem Zustand war diese Krankheit in mir, dieses Unfassbare, das ich mir nicht ausgesucht hatte und das durch einen fachgerechten Eingriff entfernt werden konnte, durch einen Akt der Wissenschaft, aber auch des Glaubens.

Wir gingen zur Beratungsstelle und dann ins Krankenhaus. Carla war nie schwanger geworden, auch nicht in der besetzten Wohnung mit all diesen falschen Liebhabern.

„Ist eben Glücksache, Nina. Alles halb so schlimm. Kann ja auch sein, dass bei mir irgendwas nicht gestimmt hat. Wer weiß."

Wir wussten nicht, was wir wollten. Stellte man uns zu viele Fragen, waren wir beleidigt, stellte man uns keine, waren wir es auch, als wäre die ganze Prozedur vollkommen unwichtig und die Entscheidung über Fortsetzung oder Abbruch der Schwangerschaft allein unsere Entscheidung, ohne Zustimmung derjenigen,

die zu diesem Thema ein ganzes System errichtet hatten, auf das alles hinauslief und von dem alles abhing.

Am Tag der Abtreibung wog ich vierundsechzig
Kilo, und der Arzt ließ einen Klumpen in eine Stahl-
schale fallen – keine Ahnung, warum ich ihn nicht gesehen habe, aber es war genau so, wie ich es mir
vorgestellt hatte –, folglich exakt das Doppelte dessen,
was ich wog, als ich zu Carla kam und sie meine Mutter wurde. Keine von uns beiden hat sich je fortge-
pflanzt, weder technisch noch rechtlich, aber Carla war
immer da, wenn man sie brauchte.

An diesem Tag fing mein Leben Feuer, brannte fortan
lichterloh wie ein höchst unbeständiger Stoff, flackerte
jahrelang und erleuchtete indirekt auch Carlas Leben.

Es war der Moment gekommen, meine Meinung zu
äußern.

Dafür wurde ich bezahlt und in Problemviertel geschickt, von Favelas, Ghettos oder Slums redete keiner
mehr, inzwischen waren für altbekannte Probleme
neue, hübschere Bezeichnungen im Umlauf; manchmal sagte ich zu meinen Informanten, ich wüsste
genau, wie sie sich fühlten, denn tatsächlich war mir
nichts so vertraut wie ihre Verlassenheit, die Monoto-
nie der Tage, in denen der Sinn des Daseins nur noch

leise knisterte wie eine gestörte Radioübertragung, das Signal mitunter sogar ganz verstummte, und der Sinn jeglicher Handlung, der Sinn jeglicher Geste nur der Nachhall eines flüchtigen Aufflackerns war; das Aufflackern eines fernen Landes.

„Man muss die Bürger wie Geiseln behandeln", sagte Carla in ihren wirren Reden über das öffentliche Leben, aber was, wenn Entführer, Geisel und Befreier ein und dieselbe Person waren?

An dem Abend, als wir aus dem Krankenhaus kamen und ich von der örtlichen Betäubung und den Schmerzmitteln noch ziemlich benebelt war, legte Carla sich neben mich aufs Bett und massierte mir den Bauch, damit ich einschlief, und machte, bevor ich die Augen schloss, eine kleine Handbewegung: Sie hielt die Hände genauso wie die Magier, und ich musste lachen, auch sie lachte, wobei sie leise murmelte: „So geht es weg, Nina. So geht es vorbei."

Meistens schwieg ich, wenn ich reiste: Je mehr Zeit verging und je mehr die Erinnerung an das Leben unter dem Radio Hotel allmählich verblasste, an den Rändern ausfranste und Löcher bekam, desto mehr wuchs in mir die Gewissheit, dass auch ich durch diese Löcher hindurchrutschen könnte, um eine andere zu werden. Ich erinnerte mich an die Frauen aus dem Stockwerk über uns und war ihnen dankbar dafür, dass sie sich um mich gekümmert hatten, aber ihre Stimmen hatte ich nicht mehr im Ohr. Trotzdem versuchte ich weiterhin, sie zu sehen. Doch wenn sie sich partout nicht zeigen wollten, half ich ihnen dabei. Half ihnen, wenn ich konnte, zu verschwinden. Ich erklärte niemandem seine Rechte.

„Du bist richtig erwachsen geworden, Nina", sagte Carla, wenn ich sie über Videotelefon aus einem Hotelzimmer anrief, ihr von meinen Abenteuern erzählte oder mich über die Müdigkeit beklagte. Sie sagte das so, als sei sie inzwischen meine Großmutter, die Mutter meiner Mutter, oder eine noch entferntere Ahnin. Vielleicht weil wir nur uns hatten, beschäftigten wir uns ausführlich mit Familiengeschichte und brachten ganze Tage damit zu, die Intrigen und Zwänge der britischen Königsfamilie zu kommentieren.

Eines Tages wurde Carla schwer krank und blieb es für lange Zeit, doch zum Glück hatte ich ihr rechtzeitig, bevor es zu Ende ging, eine Wohnung gekauft, in der sie friedlich leben konnte. Sie wollte verbrannt werden, doch nachdem ich eine Weile heimlich mit dem Gedanken gespielt hatte, ihre Asche unter Palmen am Meer auf Barbados zu verstreuen, um sie mit ihrem Vater zu vereinigen, kam ich wieder zur Vernunft. Eine Journalistenkollegin hatte mir von dem

Kampf erzählt, der nach dem Tod der Großmutter – der Matriarchin der Familie, einer berühmten französischen Psychoanalytikerin jüdischer Abstammung – in ihrer Familie ausgebrochen war. Jeder wollte ein Stück von ihr, und es gab einen erbitterten Streit um die Aufteilung ihrer sterblichen Überreste. „Wem gehört die Asche?", fragte sich die Kollegin in einem nostalgischen, zugleich aber auch parodierenden Ton, im vollen Bewusstsein, dass sämtliche Familienmitglieder nur verächtlich den Mund verzogen hätten, wenn ihnen dieser Spruch in einem Roman untergekommen wäre; und wie immer erschienen mir Mystizismus und Rechtsbruch eine Sache für Reiche. Vieles sollte ich mir im Verlauf meines Berufs- und Erwachsenenlebens noch aneignen, doch diese Art Mystizismus nicht, der war erblich. Für mich hingegen bestand das Höchste, woran ich glauben konnte, das einzig mögliche Heilsversprechen in diesem Leben aus dem Schwindel eines betrügerischen Arztes. Dem Magier aus dem Fernsehen.

Auch wenn wir sie am Tag der Bestattung unversehrt zu Grabe trugen, verstreut habe ich Carla trotzdem: ihre Kleider, ihre zerfetzten Pullover, das Haaröl, die Nikotinpflaster, ich gab alles weg. Ich behielt nur die Papiere, die sie den Sozialarbeitern vorgelegt hatte,

die medizinische Enzyklopädie von Larousse und das
Foto ihres Vaters, auf dem Carla die gelben Schuhe
trug. Sie war nicht mein Kindermädchen, sie war keine
Prostituierte, Carla Maria Adams, Kolonisierte und
Kolonisierende, technisch wie rechtlich meine Mutter.

Helena Janeczek

Zu Hause eingesperrt, aber gut

Aus dem Italienischen von Verena von Koskull

HELENA JANECZEK (München, 1964) zog mit neunzehn Jahren nach Italien. Nach der Veröffentlichung einer Gedichtsammlung in deutscher Sprache (*Ins Freie*, Suhrkamp, 1989) wird sie für ihr autobiografisch geprägtes Romandebüt *Lezioni di tenebra* (Mondadori, 1997, dt. *Lektionen des Verborgenen*, Kiepenheuer & Witsch, 1999) über das Leben ihrer Mutter, einer nach Auschwitz deportierten polnischen Jüdin, mit dem Premio Bagutta Opera Prima ausgezeichnet. Es folgen zahlreiche, zumeist in Sammelbänden herausgegebene Erzählungen und 2010 der Roman *Le rondini di Montecassino* (Guanda, 2010), in dem sie Fiktion und historische Fakten zu einem vielschichtigen Ganzen verwebt. Für ihren Roman *La ragazza con la Leica* (Guanda, 2017, dt. *Das Mädchen mit der Leica*, Berlin Verlag, 2020) über die deutsche Fotografin Gerda Taro wird Helena Janeczek mit dem Premio Strega prämiert. Sie ist Mitbegründerin des Literaturblogs *Nazione Indiana* und schreibt für die Kulturseiten verschiedener Zeitungen. Sie lebt mit ihrem Sohn und zwei Katzen in Gallarate, in der Nähe von Mailand.

All the lonely people
Where do they all come from?
John Lennon, Paul McCartney

Ich erinnerte mich nicht, Chiara geschrieben zu haben, inzwischen hätte ich zu einer Art zurückgelehnter Gleichgültigkeit gefunden. Aber genau so hast du dich ausgedrückt, du kannst nachsehen, sagte sie, als sie das letzte Mal anrief, um zu hören, wie es mir gehe.

Na ja, zu Hause eingesperrt, aber gut, sagte ich. Ich kann den Garten genießen, wenn es nicht regnet. Von der Wohnung reden wir lieber nicht, die ist eine einzige Katastrophe, stapelweise Bügelwäsche, überall Redmaynes Haare. Ich wasche meine Hände, wische die Klinken und Oberflächen, aber ich mache mich nicht mit Putzen verrückt, nur für den Kater und mich.

Chiara lachte, dann fiel ihr ein, ich könnte zu müde sein. Es war fast elf Uhr abends. Ich dachte, das sei eine gute Zeit, weil es bei dir eine Stunde früher ist. Ach komm, sagte ich, ich freue mich doch immer, mit dir zu reden, Hauptsache, es ist kein Bildschirm dazwischen.

Ich erzählte ihr von dem einen Mal, als ich kaum fünf Minuten hatte, um mich zurechtzumachen. Das war die Zeit, in der alle mich drängten, doch endlich einen Flug zu buchen, ich diskutierte gerade mit Papa, der immer in aller Herrgottsfrühe anruft, und tigerte zwischen Küche und Bad hin und her, das Handy am Ohr. Hastig streifte ich mir eine Bluse und ein Jackett über, dazu Lippenstift, Wimperntusche, Großmutters goldene Korallenohrringe, die bei zurückgekämmtem Haar besonders zur Geltung kommen. Ich habe den Computer auf den Tisch neben dem Kamin gestellt und mich halb im Schlafanzug davorgesetzt. Seitdem mache ich es immer so. Nur die Schlafanzughosen sind Trainingshosen oder Sportleggings gewichen, jetzt, da es endlich nicht mehr so kalt ist. Auch das Haare zusammen föhnen schenke ich mir, der Schnitt ist eh rausgewachsen, ich binde sie einfach zusammen und fertig.

Chiara reagierte belustigt, doch dann kam sie plötzlich mit dieser Frage nach der Gleichgültigkeit.

Es ist irritierend und seltsam, wenn der besten Freundin etwas nachgeht, das man selbst ganz vergessen hat, doch das passiert nun einmal. Das hat gar nichts zu bedeuten.

Als wir uns kennenlernten, waren wir zwei Bilderbuchstudentinnen für Wirtschaft und Jura: Hübsch, adrett, mit flachen Schuhen wegen der Aktenordner, aber immer ein bisschen weniger lässig als die Mädchen der anderen Fakultäten. Man brauchte nicht viel Übung, um einander zu erkennen, und auf der Suche nach demselben Hörsaal erkannten wir einander. Mich faszinierten ihr glattes, gleichmäßiges Blond und vor allem ihre Cowboystiefel unter dem klassischen schwarzen Mantel. Damals trug man solche Schuhe zu einem solchen Anlass nicht von ungefähr, und nur wer Ahnung von der Materie hatte, wusste ihre Beschaffenheit zu würdigen: die dezenten Intarsien auf dem tabakfarbenen Schaft, das Leder, das sehr viel hochwertiger und weicher war, als die gekonnt auf alt getrimmte Gerbung vermuten ließ. Echt schön, hatte ich auf dem Weg durch die Flure der Cattolica gesagt, den Blick auf die Schritte meiner Kommilitonin geheftet. Gefallen sie dir? Habe ich mir zum Abi schenken lassen. Der Überschwang ihrer Antwort ließ einen emilianischen Tonfall mit gezischeltem S anklingen. Sie trug die Stiefel aus Aberglauben, mochten sie auch nicht das Passende sein, um zu einer Prüfung anzutreten. Ich habe einen Mordsbammel, hatte sie gesagt, aber du wirkst ganz entspannt. Ich hatte abgewinkt und gesagt, ich sei um fünf Uhr aufgestanden, um alles noch ein letztes Mal durchzugehen, doch wolle mir einfach nichts mehr in den Kopf.

Nach der Prüfung hatten wir auf ihre 2,0 und meine 1,7 angestoßen. Inzwischen wussten wir voneinander, dass Chiara aus Bologna kam und ich, anders als sie geglaubt hatte, nicht aus Mailand stammte, sondern aus einem nahegelegenen Vorort, der freilich so miserabel angebunden war, dass ich das Auto, die Bahn und die U-Bahn nehmen musste. Dafür ist es dort sicher schön, hatte Chiara gemeint, und ich hatte verdutzt gefragt, wie sie denn darauf komme. San Vittore Olona, das klinge nach den mittelalterlichen Dörfern bei ihr zu Hause in den Hügeln, wo es immer ein bisschen luftiger sei, wenn man in der Stadt vor Bruthitze eingehe. Von wegen, das ist ein entlang der Staatsstraße Sempione gewuchertes Kaff, wie im Western, hatte ich, vielleicht wegen ihrer Stiefel, gesagt.

Ehe wir ein paar Tage bei mir zu Hause verbrachten,
hatte Chiara geglaubt, mein Studium an der Cattolica
sei wie für einen Großteil unserer Studiengenossen
eine Investition meiner Eltern. Eine Investition, die die
Familienkasse nicht über Gebühr strapazierte und
keine überzogenen Erwartungen schürte, die sich an-
fangs sowieso kaum erfüllten – vor meiner 1,7, die sich
unverhofft als erreichbares Ziel entpuppt hatte. Chiara,
die mich häufig in ihrem Studentenzimmer unweit von
Porta Genova beherbergte, konnte nicht ahnen, dass
mir selbst völlig schleierhaft war, was meinen mit
agnostischer Beharrlichkeit gefütterten Ehrgeiz ent-
facht hatte. Ich war gut in der Schule gewesen, aber
die Fächer, die mir den Durchschnitt runterzogen, obwohl ich mehr für sie lernte als für meine Lieblingsfä-
cher, hatten mich frustriert. Als ich mich in der Uni
nicht mehr mit Physik und Latein herumschlagen
musste, gab mir diese 1,7 plötzlich das Gefühl zu flie-
gen. Nicht wie ein Vogel durch die Lüfte, eher wie
mein Cousin, der sich einen Spaß daraus machte, die
Nerven von Freunden und Verwandten auf die Probe
zu stellen und mit propellerbetriebenen Klapperkisten,
für die er einen Pilotenschein besaß, im Sturzflug auf
den Wasserspiegel der Seen zuzurasen. Jedenfalls lernte ich seit einiger Zeit hochkonzentriert und immer

planvoller, was auch Chiara zugute kam. Um uns auf den Endspurt über die letzte, beängstigende Hürde Wirtschaftsanalyse vorzubereiten, hatte ich sie eines Tages zu mir nach Hause eingeladen. Dort waren meine Mutter, die kochte, und Mariuccia, die unser Zimmer in Ordnung brachte und die Betten machte.

Ein Haus wie das unsere hatte Chiara nicht erwartet, dabei war es ein alles andere als origineller Siebzigerjahrebau. Ein weißes Einfamilienhaus mit Garten am Ende einer Querstraße der Sempione, völlig unspektakulär und ohne trendiges *show-off.* Die Einrichtung war der übliche Mischmasch aus Einrichtungsempfehlungen des Architekten, zweitklassigen Antiquitäten, Silberzeug, mittelmäßigen Bildern, deutscher Markenküche und sanierten Bädern. Die Doppelgarage für Papas Audi und Mamas roten Mini, der Marmortisch auf der Veranda, der Garten mit Bougainvillea Hortensien Rosen kleinem Gemüsegarten. Ganz normaler bürgerlicher Durchschnitt, zumindest was den Durchschnitt der reichen lombardischen Provinz betraf.

Ich hatte Chiara nie gefragt, was ihre Eltern beruflich machten, wohl aus instinktivem Snobismus, nicht wie die demonstrativ dauergenervten Papakinder daherzukommen. Irgendwann erwähnte sie ganz nebenbei, ihr Vater sei Zahnarzt und ihre Mutter Französischlehrerin, allerdings kann ich nicht beschwören, dass von dem Familienunternehmen in meinem Rücken nie die Rede war. Und selbst wenn, schließlich gibt es auch popelige Unternehmen. Jedenfalls hatte Chiara nicht erwartet, dass der Grund, weshalb ich aus dem Westernkaff kam, die dort ansässige Firma war, die mein Großvater meinem Vater vererbt hatte und die eines Tages mein Bruder übernehmen sollte. Abgesehen von dem Basketballtraining, das er nach dem Gymnasium an den Nagel gehängt hatte, hatte Ricky nie aufgehört, Ski zu laufen, Segelurlaube zu organisieren und sich wilde Kickerduelle mit seinen Freunden zu liefern, von denen er die meisten seit der Mittel- oder gar seit der Grundschule kannte. Mein Bruder war schon immer ein netter Kerl gewesen, der nie wie ein Angeber rüberkam, obwohl er sich fast alles leisten konnte. Doch die Vorteile, in der Provinz aufzuwachsen, wo Geld zu haben in Ordnung ist, solange man nicht damit protzt, lernte ich erst zu schätzen, als ich San Vittore Olona hinter mir ließ. Ricky hatte sich einfach in Castellanza für Betriebswirtschaft eingeschrieben, zehn Autominuten entfernt, ganz entspannt und ohne Parkplatzsorgen. Dort studierten eine Menge Leute, die er kannte, und auch das Mädchen aus Saronno, das er schließlich geheiratet hat. Heute leben die zwei in Mailand und haben einen anderthalbjährigen Sohn, Leo, mein Neffe und Patenkind. Die längste Zeit, die sich Ricky aus Italien fortbewegt hat – besser gesagt, aus unserer Provinz und Region –, war sein Masterstudium in Holland, doch als Chiara das erste Mal zu uns kam, lag dieser Schritt noch in weiter Ferne. Die Vermutung irgendwelcher Rivalitäten mit Ricky wurde hinfällig: Wir gingen einander nicht auf den Sack, jeder machte sein Ding, außerdem hatte ich mich fürs Finanzstudium entschieden. Trotzdem fragte sich Chiara, ob ich mich wegen der selbstverständlichen Firmenübertragung auf den Sohn nicht zurückgesetzt fühlte. Ich lachte los. Ich müsste es nur wollen und Papa darum bitten, gab ich zurück, aber ich dächte gar nicht daran. In die Firma eintreten und auf ewig hier festgenagelt sein, bin ich verrückt?

Im Laufe der drei gemeinsamen Jahre zwischen Mailand und San Vittore Olona, in denen wir sogar die Ferien miteinander verbrachten, wurde Chiara zu dem Menschen, der mich neben meiner Familie am besten kennt. Deshalb tut es immer gut, sie zu hören: Zu wissen, dass sie in der derzeitigen Situation froh oder zumindest erleichtert ist, daheim in Bologna zu sein. Die Großmutter ihres Mannes Jacopo sei im Pflegeheim gestorben, das sei traurig und entsetzlich, aber ansonsten hätten sie keine Probleme, weder finanzielle noch gesundheitliche. Jacopo arbeitet im Steuerbüro seines Vaters, Chiara hat einen Beratervertrag, seit sie ihre Chefs knapp vor Ausbruch der Pandemie über ihre Schwangerschaft in Kenntnis gesetzt hat, und arbeitet viel von zu Hause aus. Die Vorstellung, ein Kind zu bekommen, während das Virus die Krankenhäuser verseucht, macht ihr natürlich Angst, doch bisher lief alles glatt, und inzwischen haben sie dort unten in der Emilia das Schlimmste hinter sich.

Jetzt bin ich hier in London diejenige, um die man sich Sorgen macht. Ich, die es geschafft hat, in der coolsten Stadt Europas zu landen, mit einem beneidenswerten Job, einer schönen Wohnung, einer fast zweitausend Pfund teuren Katze. Absurd.

Aber wie soll man sich sicher fühlen und obendrein die anderen beruhigen, wenn man an einem Ort lebt, wo der Premierminister einen Tag, bevor er nach Sauerstoff ringt, noch auf dicken Max macht? Allmählich wird es auch absurd schwierig, den anderen klarzumachen, dass es hier unterm Strich nicht anders läuft als woanders: Wenn man es sich leisten kann, das Haus lediglich für einen Gang zur Apotheke oder einen kurzen Spaziergang zum Bio-Take-away zu verlassen, ist die Ansteckungsgefahr hier nicht größer als in Mailand oder Bologna. Als die Lombardei zur gefährlichsten

Todeszone der Welt wurde, bekam unsere Familie übrigens auch recht wenig davon mit. Mama war zufällig gerade in den Bergen, um Ricky und seiner Frau Francesca unter die Arme zu greifen und sich um ihren geliebten Leo zu kümmern, als der Beschluss fiel, die Region und dann ganz Italien dichtzumachen. Papa entschied, sie solle dort oben in Sicherheit bleiben, er würde sich mit Mariuccia arrangieren, die nach wie vor jeden Tag kam, obwohl Mama und ich dagegen waren. Wir vereinbarten, dass Mariuccia zu uns ziehen und das Haus nur verlassen würde, um in den nahegelegenen Läden auf der Sempione kleinere Besorgungen zu machen, den Wocheneinkauf im Supermarkt sollte ihr Neffe übernehmen. Mariuccia, die ebenfalls schon im kritischen Alter von über sechzig war, war darüber kein bisschen unglücklich. Erst recht nicht, als man ihr versicherte, für ihren Neffen spränge mehr als ein saftiges Trinkgeld heraus, wenn er auch den Eltern der Schwiegertochter in Saronno die Einkäufe brächte. Um Francescas Großeltern kümmerte sich eine Pflegerin, und meine ruhten seit Jahren wohlbehütet in den Familiengräbern der Colombos und der Airoldis. Bisher sind wir glimpflich und mit gedrückten Daumen davongekommen, abgesehen von der Angst und der Unruhe und den Unmengen an Anrufen und Textnachrichten.

Am irrwitzigsten war die Zeit, als ganz Italien bereits im Hausarrest hockte und man hierzulande immer noch meinte, über den Dingen zu stehen, gerade so, als wäre das Virus ein Mikro-Nazi, der vor der unbezwingbaren *Britishness* klein beigeben würde.

Mama rief zu allen möglichen und unmöglichen Uhrzeiten an. Es reichte nicht, ihr zu versichern, dass ich sämtliche Vorsichtsmaßnahmen beherzigte und man mich für eine *overdramatic* Italienerin hielt. Werde die Katze los, werde die Katze los!, beschwor sie mich, und ich erwiderte, ich könne nicht länger telefonieren, ich müsse ständig erreichbar sein, in einer Viertelstunde sei das nächste Meeting. In den kurzen Zwischenpausen rief ich sie zurück, schlang einen Bissen hinunter und versicherte in routiniertem Briefing-Ton, dass – erstens – Redmayne das kleinste Problem sei. Man müsse – zweitens – bei einem Job in der Immobilienbranche vor Ort sein, auch wenn man ihn zurzeit nur auf Abstand betreiben könne. Klingt unlogisch, aber so ist es nun mal, Mama. Der dritte Punkt hatte mit der Wohnung zu tun, doch mir war nicht danach, ihr davon zu erzählen.

Als Oliver nach Frankfurt zog, überließ er mir die Wohnung für eine sehr faire Miete, unter der Bedingung, dass ich mir eine neue suchte, sollte ich mich auch in näherer Zukunft nicht aufraffen können, *this shitty country* zu verlassen, wie er sich während unserer letzten Streitereien ständig ausdrückte. Es waren keine richtigen Kräche, eher Aufwallungen, die das typisch deutsche Gefühl brennenden Verrats hochkochen ließen, gefolgt von den immer gleichen Diskussionen. Oliver fühlte sich von dem Land verraten, das auch über uns beide, die vom Kontinent gekommen waren, um Londons Finanzmacht, seinen Zauber und seine neue Schönheit zu mehren, ein Urteil gefällt hatte. Meine Zögerlichkeit machte ihn wütend, weil sie zeigte, dass ich nicht den kleinsten Funken Selbstachtung hatte oder Respekt für sein Bedürfnis hegte, an einem Ort zu leben, an dem er willkommen war. Und er ärgerte sich über sich selbst, weil er bei der Bank, bei der wir uns kennengelernt hatten, im Karriererausch ein Darlehen aufgenommen hatte, um sich das Schnäppchen der Wohnung nicht durch die Lappen gehen zu lassen. Als er beschloss, den Flug nach Frankfurt zu buchen, versprach ich ihm, die Wohnung mit mindestens zwanzig Prozent Gewinn auf das zu verkaufen, was er investiert und ich zusätzlich hineingesteckt hatte. Doch in der derzeitigen Lage, da Gesellschaften und Fonds sich die Wohnungen der Toten unter den Nagel reißen – Tote, die in den Infografiken der *Financial Times* für Greater London noch immer als doppelt so hoch angegeben werden –, derweil Heerscharen von Eigentümern das Wasser bis zum Hals steht, ist das schwer umzusetzen. Der Markt stagniert, das Angebot übersteigt die Nachfrage bei Weitem: Verkaufen lassen sich nur die Immobilien, die dem Kunden und vor allem dem Anbieter am meisten bringen. Das ist Oliver völlig klar. Doch er weiß ebenso, dass es nie einfacher war als jetzt, mir eine passende Alternative zu suchen. Meine Mutter würde das niemals begreifen und darf es nicht wissen, aber wenn ich jetzt nach Italien zurückkehrte, würde ich die einzige Rechtfertigung verlieren, an der ich mich noch festklammern kann: Nämlich dass es völlig verrückt wäre, mitten in der Pandemie einen Umzug zu planen. Und Oliver würde endgültig der Geduldsfaden reißen.

An einem Sonntag 2015 gehen Oliver und ich auf der Terrasse eines Hotels am Park brunchen. Wir haben Pläne, und während wir darüber reden, holt Oliver den Ring einer Designerin hervor, die Anoushka heißt, aber so *british* ist wie Bitterorangenmarmelade. Tags darauf fange ich an, mich umzutun, ich führe Bewerbungsgespräche und kündige schließlich bei der Bank. Ehe ich ins Immobiliengeschäft einsteige, nehme ich mir ein paar Monate Auszeit. Ich will die Wohnung, in der wir seit über einem Jahr leben, auf Vordermann bringen, ein Ding der Unmöglichkeit, wenn man im Trading arbeitet wie Oliver oder sich auf Privatkundenbetreuung verlegt hat, wie ich es schweren Herzens getan habe, um in den Schützengräben der Finanzbranche nicht sämtliche Federn zu lassen. Ich ziehe mich aus allem zurück und beschränke mich auf die nötigsten Arbeiten – Fenster und Türen, das grauenhafte Laminat unter dem ranzigen Teppich, das Streichen der Wände und ein paar Kleinigkeiten in der Küche und den Bädern, die ansonsten ganz in Ordnung sind. Einen Großteil der Möbel und der Lampen, die ich mir praktischerweise bei Harrod's ansehe, wo ich aus dem protzigen Kitsch, für den ich eine Schwäche habe, die Guten herauspicke, bestelle ich im Internet oder direkt aus Italien. Als nur noch der Geruch nach Öko-Farbe in der Wohnung hängt, kehre ich zu Harrod's zurück und kaufe das Kätzchen, das seit damals, als ich mich fragte, warum die Haustierabteilung und der Einrichtungsbereich nebeneinander auf derselben Etage liegen, sichtbar gewachsen ist. Eine Kurzschlusshandlung. Überglücklich, dass niemand seine Einrichtung mit einer roten Sibirischen Katze vervollständigen wollte, ziehe ich mit dem miauenden Ultraluxus-Tragekarton von dan-

nen: mein Geschenk für Oliver, die letzte Anschaffung,
um unsere neue Wohnung einzuweihen.

Während der gesamten Housewarmingparty wagt
sich Redmayne nicht unter dem Bett hervor, und auch
nicht am nächsten Tag, als der Cateringservice sein
Zeug abgeholt und die Putzfrau alles wieder auf Vordermann gebracht hat und nur Chiara und Jacopo noch
im Gästezimmer schlafen.

Riesenerfolg, die Party. Nach Befinden der ehemaligen Bankkollegen und der neuen Vorgesetzten aus der
Immobilienagentur zeugt jedes Detail von unverwech-
selbarem italienischem Geschmack: Das mediterrane
Essen von Ottolenghi, der moussierende Weiße und der
rote DOC-Wein, die originellen Schwarzweißfotogra-
fien von Perspektiven und Ansichten italienischer
Kunststädte an den sonnig gestrichenen Wänden. Nur
Olivers Eltern verrate ich, dass der Fotograf mein Vater
ist, was die angeregte Unterhaltung noch herzlicher
macht. Die beiden stauben ihre wenigen in der Toskana
erlernten Italienischbrocken ab, wo sie sich, wie so
viele, ein altes Bauernhaus gekauft haben. Papa macht
sich mit seinem geradebrechten Englisch verständlich,
begleitet von einem Lächeln, das seinen olivfarbenen
Teint und das noch dichte, graumelierte Haar erstrahlen
lässt. Weißes Hemd mit eingestickten Initialen, Tasma-

nia-Anzug, Schnürschuhe von den Gebrüdern Rossetti, mit denen er seit einer Ewigkeit bekannt ist. *My father, the entrepreneur.* Ein waschechter *Signore.* Bei seinem durch und durch lombardischen Stammbaum fragt man sich, woher er diese klassische Schönheit hat, die hier „südländisch" heißt. Ich sehe ihm ähnlich, allerdings im Schlechten. Das glatte Haar meiner Mutter und ihre weder zu lange noch zu kurze Nase wären mir lieber gewesen, aber immerhin haben mich die väterlichen Gene in die Höhe schnellen lassen. Freilich hat sich Mama schon lange für kurzes Haar und bequeme Schuhe entschieden, selbst an dem Abend beließ sie es bei schlichten Pumps mit eckigem Schmuckabsatz. Neben Papa ist sie ein Winzling und dennoch die andere Hälfte eines offenbar grundsoliden Paares. Mit so etwas kennen sich meine Arbeitskollegen aus, ihnen imponiert nur, was nach *real money* riecht.

Seit Mama klargeworden ist, dass mich keine zehn Pferde zurück nach Italien kriegen, reißt sie sich beachtlich am Riemen. Sie wartet ab, bis ich anrufe, und hinterlässt derweil einen Haufen Sprachnachrichten, dazu knuffige Videos von Leo, die mein Vater und ich am nächsten Morgen kommentieren. Papa schickt nur ein paar Schnappschüsse: gefallene Blütenblätter neben einem Rosenstamm, ein von einem Fenster gerahmtes Stück Alpenhimmel, Licht und Schatten auf dem Marmorboden. Er hat Mariuccias Hand beim Bügeln der Laken fotografiert; Masken, die zum Lüften am Wandwäscheständer vor dem Gästeklo baumeln. Er meint, die Fotos seien reiner Zeitvertreib, um sich die Tage in der Verbannung zu verkürzen, ich meine, sie sind anders als sonst, aber schön. Schöner als die Aufnahmen, die Leos Wachstumsphasen bannen, doch das kann ich ihm nicht sagen. Er beklagt sich lediglich darüber, nicht bei seinem Enkel sein zu können. Hast du gesehen, wie der herumwetzt, wie er sich am Kinderstuhl hochzieht, wie gut er schon mit dem Löffel essen kann, sagt er voller Wehmut ob der unwiederbringlich verpassten Monate. Fast jeden Morgen sagt er das, und genauso fragt er mich jedes Mal, ob ich noch ein wenig mit ihm plaudern kann. Keine Sorge, ich habe mir gerade einen Kaffee gemacht, du hörst mich höchstens ab und zu schlucken. Während ich an meiner Tasse nippe, spule ich meine üblichen Fragen ab: Ob es wirklich nötig sei, dass er so früh aufstehe, ob er auf seinen Blutdruck achte, ob er sich gesund ernähre, ob er sich langweile. Papa sagt, er sei eh um sechs wach, mit Mariuccia esse er noch vor den Fernsehnachrichten zu Abend, und wenn es dunkel werde, seien sie bereits im Bett. Dann schaue er noch einen Film, blättere durch die Zeitung und schlafe ein. Ein bisschen Langeweile ist das Beste, was mir passieren konnte, wenn man an die Leute denkt, die sich gerade fragen, ob sie ihren Laden je wieder aufsperren können. Auch diesen Satz wiederholt er in minimalen Variationen und berichtet von den Telefonaten mit seinen ehemaligen Zulieferern und Konkurrenten, mit den Golfpartnern und den Rotarybrüdern, die ihm ihr Leid klagen. Was hat er doch für ein Glück gehabt, gerade noch rechtzeitig zuzumachen! Papa klingt, als müsse er sich darin bestärken, am Ende das Richtige getan zu haben. Klar hast du das Richtige getan, und das auch noch sehr gut. Einen Moment lang herrscht Schweigen, und ich meine ihn lächeln zu sehen. Vor nicht einmal drei Jahren wolltest du mir nicht glauben, dass ich die gesamte Belegschaft unterbringe, nicht nur den Modezeichner, der denen, die in China produzieren lassen, inzwischen Gold wert ist. Stimmt, Papa, ich geb's zu. Und genau deshalb sollte er sich nicht von anderen mit ihren Problemen belästigen lassen. Glaub ja nicht, du wärst denen zu Dank verpflichtet, weil sie zwei Arbeiterinnen übernommen haben oder sonst einen deiner Mitarbeiter, wie sie heutzutage kaum noch zu finden sind, drohe ich. Meist erwidert er dann, seine ehemaligen Angestellten seien

heute auch auf Kurzarbeit, und was das heiße, wisse
man ja … Aber was solle er machen, das sei nicht mehr
sein Problem. Ganz genau, sage ich. Dein Problem ist
jetzt, wann du endlich zu Leo kannst, um mit ihm spa-
zieren zu gehen und ein paar Almhütten im Aostatal zu
fotografieren. Und dass du dort ganz allein bist, gibt er
zurück und macht eine Pause. Also, pass auf dich auf,
hörst du, meine Kleine, und damit entlässt er mich.

2015. Zwei Tage nach der Party begleite ich Mama und
Papa ins Victoria & Albert Museum, in das sie jedes
Mal gern zurückkehren, wenn sie mich besuchen.
Chiara und Jacopo sind shoppen gegangen, Redmayne
hat sich die Wohnung zurückerobert, Oliver arbeitet
bis spät.

Papa hat die Ankündigung einer Fotoausstellung gesehen, die noch nicht eröffnet hat, doch wie der Zufall
will, läuft eine Schau mit dem Titel *Shoes, Pleasure
and Pain*.

Irgendwann während des Rundgangs, der von den
Sandalen der alten Ägypter bis zu Jimmy Choo und
Manolo Blahnik führt, kommt meinem Vater die Begeisterung für die überkandidelte Präsentation abhan-
den. Vielleicht, weil er die sublime Kreation eines Mo-
deschöpfers entdeckt hat, der seine Modelle nach einer

Handvoll zugeschickter Skizzen in San Vittore Olona von meinem Vater entwickeln und produzieren ließ und dann um den Preis feilschte. Noch ehe der Scanner das Faxgerät ersetzte, pflegte mein Vater die Skizzen nicht nur geprüft und korrigiert, sondern komplett neu angefertigt zurückzuschicken. Danach folgte das übliche Prozedere: Zuerst mit dem Modedesigner und dann mit dem Zeichner diskutieren, der sich darüber beklagen darf, dass es *denen* wohl nie in den Kopf will, dass ein Schuh nicht nur das Körpergewicht tragen, sondern die richtige Statik haben muss. Früher machte mein Vater auch Zeichnungen von Ansichten und Perspektiven unserer Kunststädte und kolorierte sie mit Aquarellfarben. Sie waren weitaus banaler als seine Schuhentwürfe. In dieser Zeit pflegten die Luxusmarken einem für erstklassige Qualität stehenden Unternehmen ordentliche Gewinnspannen einzuräumen, ganz gleich, ob sich die Kollektion auch unter eigenem Markennamen gut verkaufen ließ. Dann folgten die Jahre, in denen der Umsatz ebenso schrumpfte wie die Anerkennung für das fotografische Talent meines Vaters, das die geknipsten Vorlagen seiner malerischen Aquarelle ans Licht gebracht hatten.

Jedenfalls nimmt er mich in *Shoes, Pleasure and Pain* irgendwann zur Seite, um mir von seinen Problemen mit den Banken zu erzählen, mit Banken würde ich mich schließlich auskennen. Ich erkläre ihm, die italienischen Banken würden das Risiko auf die Privaten abwälzen, weil sie sich den Magen mit Staatsanleihen vollgeschlagen hätten, und angesichts der Situation hätte ich wenig Hoffnung, dass der *credit crunch* nachlasse. Mein Vater nickt, es sei trotzdem eine Sauerei, sagt er, aber wir kommen da raus, Martina, man hat mir versichert, bei alten Stammkunden, bei grundsoliden Stammkunden, würden sie … Hör mal, Papa, falle ich ihm ins Wort, wieso tust du das, wo du doch so viele andere Dinge hast, denen du dich widmen könntest. Fang du jetzt nicht auch noch an, antwortet er.

Ich habe nachgesehen. Die Nachricht, die ich an Chiara schrieb, lautet: „Ganz gut, wir gewöhnen uns an eine Art zurückgelehnte Gleichgültigkeit." Das war in der irren Endphase des Brexits, ehe Boris Johnson die Wahl gewann, was kaum sechs Monate zuvor als das denkbar schlimmste Szenario erschienen war. Oliver, der seine Entscheidung, London zu verlassen, lange vor sich hergeschoben hatte, in der Hoffnung, mich noch umstimmen zu können, war bereits seit einer Weile in Frankfurt. In den Monaten vor und nach seinem Aufbruch hatte ich Chiara häufiger das Herz ausgeschüttet als in den Jahren, in denen sich die Pläne des Paarlebens allmählich verschlissen hatten. Ich könne die Schuld nicht auf den Ausgang des Referendums schieben, betonte ich, aber ganz folgenlos sei dieser heftige Schlag sicher nicht geblieben. Vielleicht seien das Leben und die Finanzmärkte einfach zu ähnlich: Die Kurve geht steil bergauf, alle sind euphorisch, doch dann kippt sie völlig unverhofft in die Gegenrichtung und reißt alles mit, was gesund und verlässlich erschien und vielleicht sogar war. Wenn es das war, wandte Chiara ein, dann ist der Wertverlust minimal und es renkt sich wieder ein.

Ich erzählte ihr das Übliche: Dass er andauernd müde und genervt sei, dass ich die Nase voll davon hätte, Russen Arabern Chinesen und dem stinkreichen Rest der Welt Immobilien zu verkaufen, dass der Kater morgens um fünf anfange, an der Tür zu scharren, die deutschen Flüche, meine Gegenreaktionen, die Oliver noch wütender machten, *no way*, dass Redmayne in unsere Intimsphäre eindringe und es sich im Bett gemütlich mache, auch wenn der Sex immer seltener werde und, ehrlich gesagt, sowieso nie besonders toll gewesen sei. Aber er ist ein anständiger Kerl, räumte ich ein, in meinem Umfeld, wo keiner weiß, wie nor-

males Leben funktioniert, findet man so einen so leicht
nicht wieder.

Chiara war die Einzige, bei der ich mir Luft machte,
denn zum einen bin ich nicht der Typ, der gern von sich
selbst redet, und zum anderen waren sie daheim wegen
der bevorstehenden Geburt des Enkelchens ganz aus
dem Häuschen und ich wollte ihnen nicht die Stim-
mung vermiesen. Außerdem hatte sich mein Vater mit
der Aussicht, Großvater zu werden, endlich dazu auf-
gerafft, die Firma abzuwickeln, und die heikelste Phase
fiel genau in die Zeit, als Oliver beschlossen hatte, das
Frankfurter Angebot anzunehmen. Wenn Papa mir am
Telefon den Stand der Dinge darlegte, brauchte er mich
aufgeräumt und bei der Sache, schließlich war es auch
in meinem Interesse, die Angelegenheit zu einem
schnellen und erfolgreichen Ende zu führen. Hinterher
wollte ich nicht an dem Glauben rühren, dass nun alles
in bester Ordnung sei: Der Sohn in Mailand ist zufrieden mit seinem Start-up für Nahrungsergänzungsmit-
tel, und die Tochter in London macht sich nicht mehr
für die Bank kaputt, seit sie mit dem netten Deutschen
zusammen ist, ein Glück.

Was hätten mir auch zwei Menschen raten sollen,
die sich nie aus San Vittore Olona fortbewegt hatten,
die zwar in der halben Welt herumgereist und Geschäf-

te gemacht hatten, aber eben nach ihrer Fasson? Chiara konnte ich beichten, dass ich keine Lust hatte, nach Frankfurt zu ziehen, nicht zuletzt der Sprache wegen, aber meinem Vater konnte ich das nicht erklären. Was hätte Papa auch sagen sollen, der sich selbst bei den Japanern verständlich gemacht hatte, ganz ohne Dolmetscher, mit lächelnden Verbeugungen und kleinen Skizzen? Sei nicht immer so perfektionistisch, trau dich und lerne.

Zu Leonardos Taufe waren meine Eltern so aufgekratzt, dass sie die Neuigkeit von Olivers und meiner Trennung, die ich ihnen eröffnete, als sie mich abends vom Flughafen abholten, gut wegsteckten. Der Gemeindepfarrer von Saronno fasste sich so kurz, dass wir noch vor den geladenen Gästen, die nicht zur Kirche gekommen waren, im Golfclub eintrafen. Aus Rücksicht auf den Kleinen und aus Sorge vor der Junihitze hatte Mama einen kurzen, üppigen Empfang vorbereitet. Tatsächlich hatten die Sommergewitter ungewohnt früh eingesetzt, doch am Vorabend hatte der Wetterbericht Sonne versprochen, und so konnte der Aperitif auf der Terrasse gereicht werden. Auch damals hatte ich es nicht geschafft, zum Friseur zu gehen, aber in dem knitterfreien Missoni-Schlauchkleid mit den auf das bunte

Muster abgestimmten Accessoires sah ich ganz passabel aus. Es waren zu viele alte Leute dort, die sich freudig darüber ausließen, wie doch die Zeit verfliege, gerade noch sei ich auch so ein Krümel wie Leonardo gewesen: Kaum zu glauben, was aus dir geworden ist! Und wann schenkst du ihm ein Enkelchen? Mein Vater lächelte obenhin, das war seine intuitive Art, Taktlosigkeiten abzutun. Ich hielt mich ebenfalls zurück, verkniff mir die Bemerkung, der Kater würde mir reichen, und beschränkte mich auf die unverfängliche Antwort, wie riesig ich mich freue, dass mein Bruder so großen Wert auf mich als Patentante lege.

Als Ricky und Francesca und alle anderen gegangen waren, luden wir die beiden im Gästehaus des Clubs einquartierten Betreiber unserer alten Stammgerbereien aus der Toskana und dem Veneto zum Essen ein. Sie waren derart beeindruckt, hinter unserem trostlosen Industriegebiet ein so weitläufiges und gepflegtes Green vorzufinden, dass sie mich mit Fragen zur Entwicklung der Märkte oder zu cleveren Investments verschonten. Aber natürlich ließen sie es sich nicht nehmen, Papa zu sagen, wie schlau er gewesen sei, nun könne er sich seinen Hobbys widmen, das Enkelchen verhätscheln und das Leben genießen. Ein Prosit auf unseren Sandro Colombo, der alles richtig gemacht

hat! Gut möglich, dass sie ihm dann mit ihren Problemen in den Ohren lagen, kaum dass Mama mich nach
Hause gebracht hatte, da mein Flug von Malpensa ganz
früh am nächsten Morgen ging.

Ich zog die Sandalen aus, die aus einer der letzten
firmeneigenen Kollektionen stammten, schminkte mich
hastig ab und schlüpfte unter die Laken, die so rochen
wie immer. Offenbar hat Mariuccia nie das Waschmittel
gewechselt, dachte ich, ehe ich mich auf der richtigen
Seite zusammenrollte. Ich schlief schlecht, im Gegen-
satz zum Essen war der Wein gut gewesen und ich hatte
zu viel getrunken. Na, wenn schon, das geht vorüber.

Morgen Abend rufe ich Chiara an und sage ihr, dass es
hilfreich war, die Nachricht herauszusuchen, die ihr so
sehr im Kopf geblieben ist. Weil die Schwangerschaft
sie dünnhäutig macht, werde ich ihr zur Beruhigung
sagen, dass sich die Bemerkung auf das nervenzehren-
de Warten auf den Brexit bezog, nicht auf meine gene-
relle Einstellung zum Leben oder zu meinem Leben in
London. Wäre ich nicht überzeugt, dass diese Stadt
nicht im Mindesten mit Frankfurt Mailand Lugano ecc.
vergleichbar ist, von Dubai oder Doha ganz zu schweigen, hätte ich mich gegen meine Unsicherheiten und
Enttäuschungen nicht mit besagter innerer Einstellung

gewappnet: „zurückgelehnte Gleichgültigkeit". Natürlich hatte ich auch vor der Pandemie nicht viel Zeit,
um Ausstellungen, Theater und das übrige Angebot der
Stadt zu genießen, und natürlich war es immer wieder
schade, Menschen zu verlieren, mit denen ich gut aus-
kam, Freunde oder Fast-Freunde, die auf andere Kon-
tinente zogen. Ein Exodus, der mir nicht weniger
zusetzte als das Ende der Beziehung mit Oliver und
vielleicht einer der Gründe war, weshalb ich nicht die
Kraft fand, sie zu beenden.

Dennoch kann ich sagen, dass ich die Stadt, die mir
die aufregendsten Jahre meines Erwachsenenlebens
schenkte, restlos geliebt habe. London, das mich zusammen mit den besten Studenten aus aller Welt auf-
nahm, London, das meinen Wert seit meinem ersten
Job bei der Bank erkannte und belohnte, London, das
ich meinen Freunden und Verwandten zeigte, London,
in dem ich ein immer angenehmeres Leben führte,
London, das ich allmählich „Zuhause" nannte.

Auch danach, als ich erleichtert war, nur eine Teil-
sanierung finanziert und nicht sämtliche Ersparnisse
investiert zu haben, habe ich nicht aufgehört, diese
Stadt zu lieben. Vielleicht auch, weil ich wie in einer
krisenfesten Beziehung nach und nach den Blick für
seine negativen Seiten öffnete. Ich gebe es ungern zu,

doch in London war ich viel verliebter als in Oliver. Ich glaube, Oliver war Teil der Gesamtinvestition in die Stadt und der wachsenden Notwendigkeit, sie wie das Aktienportfolio eines Kunden neu zu kalibrieren. Dynamischere oder unbeständigere Wertpapiere verschaffen nun einmal eine größere Befriedigung als die verlässliche Stabilität eines Anleihekurses. Weißt du, würde ich zu Chiara sagen, es war nämlich so: Als die Kurve abfiel, als ich das Vertrauen verlor, als ich eine Verteidigungsstrategie entwickeln musste, stand ich plötzlich mit diesem derart bombensicheren Investment da, dass die Rendite wie bei einem deutschen Wertpapier ins Minus zu rutschen drohte. Ich weiß, das klingt arschig und vielleicht auch lustig, aber so ist es, ich schwöre es dir.

Während ich jetzt darauf warte, dass das Gewitter vorüberzieht oder zumindest nachlässt, könnte ich eigentlich nach einer geeigneten Mietwohnung Ausschau halten. Wenn die Kosten, die Lage und die Ausstattung akzeptabel sind und man Haustiere halten darf, bin ich schon zufrieden. Eine zu finden, zumal, wenn man in der Branche arbeitet, ist keine Kunst, und meine Sachen aus der Wohnung zu räumen, die ich in den letzten Jahren dort angehäuft habe, auch nicht. Dann muss Oliver entscheiden, ob er seine Erwartungen herunterschrau-

ben kann, um sie loszuwerden. Andernfalls rechnen wir
korrekt ab wie zivilisierte Menschen, und tschüss. Ich
räume ihm die Wohnung aus und er kann damit machen, was er für richtig hält: So unvorhersehbar, wie
alles gerade ist, könnte ich nicht geradliniger agieren.

Allein die Vorstellung eines Umzugs, so anstren-
gend sie auch sein mag, erfüllt mich mit Energie, ja mit
Zuversicht. Im Grunde, könnte ich zu Chiara sagen,
braucht es nicht viel, um den Kurs der Gleichgültigkeit
zu senken. Später dann hätte ich alle Zeit der Welt, um
abzuwägen, wie wohl ich mich in London noch fühle.
Will ich lieber wieder in der Bank arbeiten? Oder etwas ganz Neues anfangen, mich gar für einen neuen
Master einschreiben? Kein Problem, könnte ich machen. Ich könnte fast alles machen, was ich mir wünsche. Ein riesiges Privileg. Über diesem tröstlichen
Gedanken nicke ich ein, auch wenn wohl das Letzte,
was ich mir wirklich von Herzen gewünscht habe, ein
langhaariges rotes Kätzchen war.

Der erste Mensch, mit dem ich am nächsten Tag rede,
ist natürlich Papa. Er ist überglücklich, dass Großeltern
per neuem Dekret nun ihre Enkel wiedersehen dürfen,
er kann also ins Aostatal aufbrechen, dortbleiben, bis
die Regionsgrenzen wieder öffnen, und mit Mama,

Ricky und Francesca zurückkehren – wenn alles gut läuft, setzt er abergläubisch nach. Wie schön, sage ich und angele mir den letzten griechischen Joghurt aus dem Kühlschrank. Ich schicke dir Fotos, verspricht er, schade, dass die Wettervorhersage mies ist. Schade, echoe ich abwesend, während ich nach dem Müsli im Küchenschrank krame. Aber wenn es wirklich schneien sollte, sieht Leo zum ersten Mal Schnee, zu Weihnachten war fast nur Kunstschnee auf den Pisten. Exklusive Fotostory, ziehe ich ihn auf. Ich habe gute Laune, und die Aussicht auf ein gutes Frühstück steigert sie noch. Bei dir alles gut?, fragt Papa. Du klingst so.

Alles in Ordnung, wenn man davon absieht, dass wir bei den Todeszahlen Italien überholt haben, doch inzwischen stecke ich die Nase nur noch vor die Tür, um Amazon-Pakete und die Kiste mit den Einkäufen entgegenzunehmen, die mir der Bangladescher bringt. Das ist meine Kleine, meint Papa und fängt an, gegen die Unfähigkeit der Regierungen zu wettern: Gegen die italienische, die er nicht ausstehen kann, und gegen die Regierung dieses feisten Vollidioten, der von Herdenimmunität faselte. Ich lasse ihn reden, während ich meinen ballaststoffreichen Brei mit roten Früchten esse und an meine Umzugspläne denke. Jetzt ist nicht der richtige Augenblick, meinem Vater davon zu erzählen, der im Kopf bereits auf dem Weg ins Aostatal ist, und angesichts der herrschenden Zustände wäre es sowieso verfrüht. Es wäre schön, ihm auch im Wesen ähnlicher zu sein, geht es mir durch den Kopf. Mein Vater hat keine Ahnung, wo die Gleichgültigkeit wohnt, sei sie nun zurückgelehnt oder nicht, selbst jetzt nicht, da er fast doppelt so alt ist wie ich.

Papa, hast du jemals Gleichgültigkeit erfahren, frage ich, vielleicht um mir einen letzten Ruck zu geben. Wieso fragst du mich das, sagt er argwöhnisch und tippt aufs Geratewohl auf Ärger bei der Arbeit oder auf die entsetzliche Situation der Alten, die an Covid-19 erkranken und genau genommen kaum älter sind als er.

Also steige ich auf das Thema der Alten ein: Entweder sind sie in irgendwelchen Einrichtungen zusammengepfercht, von denen nicht einmal die teuersten vor der Ansteckung gefeit sind, oder zu Hause, hundeeinsam, während Leute wie meine Wenigkeit darauf warten, endlich ihre Immobilie loszuwerden.

Entschuldige, sage ich, erzähl mir was Fröhlicheres, in fünf Minuten muss ich auflegen.

Papa bleibt gerade so viele Sekunden stumm, bis mir aufgeht, wie taktlos ich war. Dann sagt er: Und ob ich Gleichgültigkeit erfahren habe, Martina. Als ich unsere Firma schließen musste und ihr alle zu mir sagtet, gut gemacht, wurde auch Zeit. Das tut weh, aber man gewöhnt sich daran. Und irgendwann geht es vielleicht vorbei, ganz allmählich.

Giacomo Sartori

Vergiss die launigen Füsse

Aus dem Italienischen von Walter Kögler

GIACOMO SARTORI (Trient, 1958), Agronom und Schriftsteller, lebt teils in Paris und teils in seiner Geburtsstadt. Neben zahlreichen wissenschaftlichen Publikationen hat er mehrere Bände mit Erzählungen und Gedichten sowie Theaterstücke veröffentlicht. Unter seinen Romanen ist insbesondere *Anatomia della battaglia* (Sironi, 2005) zu nennen, eine unverblümte Auseinandersetzung mit dem sterbenden Vater und dessen Sympathien für den Faschismus, sowie *Sono Dio* (NNE, 2016, dt. *Göttliches Tagebuch*, Launenweber, 2019), eine ironische Betrachtung zum Schicksal der Menschheit und zu den Folgen der Liebe, die von der *Financial Times* unter die „Books of the Year 2019" aufgenommen wurde. Sein jüngstes Erzählwerk *Baco* (Exòrma, 2019), in dessen Mittelpunkt ein gehörloser Junge steht, stellt eine Bestätigung seines von Ironie und surrealistischen Anwandlungen geprägten Stils dar. Er ist Mitarbeiter des Literaturblogs *Nazione Indiana*.

Wenn man lange zusammengelebt hat, gibt es vieles, was man zu vergessen hat. Die Füße sind zu vergessen, mit ihrem Gehabe schüchterner, aber auch stolzer, alles in allem rührender Füße. Diese Füße mochten den Kontakt mit dem Zement und den kühlen Böden, sie liebten den Süden und den Sommer. Im Übrigen hatte auch ihre Gestalt, wenn man es recht bedenkt, etwas unweigerlich Menschliches und Rührendes, denn elegant waren sie nicht, vielmehr etwas gedrungen, um nicht zu sagen klobig, sie verrieten ihre bäuerliche Herkunft, und die Rede ist vom Süden Kataloniens, wo die Leute eher kleinwüchsig und stämmig sind, oder es zumindest früher einmal waren, was aber gar nicht so lange her ist, und wo sie nie allzu weit weg von der Scholle waren, die es umzubrechen und zu jäten galt, und es war harte, steinige Erde, Lichtjahre entfernt vom Reich der Abstraktionen, die, wenn das Leben rau ist und von den Unbilden des Klimas und der Geschichte gebeutelt wird, nur gefährlich sind. Es waren aber auch ebenmäßige Füße mit jenen archaischen Symmetrien, wie man sie in Bildern Picassos oder auch Carlo Carràs wiederfindet, und vor allem waren sie sehr ehrlich. Menschen erkennt man an ihren Füßen, in meinem Leben sind mir nie Füße untergekommen, die lügen konnten, Füße sind nicht wie die Gesichter, Verschlagenheit ist ihnen kein Begriff: Auf das, was sie zu erzählen haben, kann man sich blind verlassen.

Wenn eine Beziehung ihr Ende gefunden hat, muss man alles vergessen, systematisch und schnell, anhand eines klaren Plans und enger Fristen. Mir fällt das Vergessen leicht, weil ich kein gutes Gedächtnis habe, ehrlich gesagt habe ich sogar ein sehr schlechtes Gedächtnis; bei dem Spiel, bei dem man eine Karte aufdecken und sich merken muss, wo die Zwillingskarte liegt, war ich schon immer eine Niete, es war zum Schämen, und auch in der Schule hatte ich große Mühe, all das Wissen aufzunehmen, das es aufzunehmen galt, ganz zu schweigen von der Uni, denn schließlich bin ich auf die Uni gegangen und wollte einer der Besten

sein, und dann, im Alltag, ständig dieses Problem, dass
mir die Namen von Leuten und Straßen und die Da-
tumsangaben partout nicht einfallen wollten, oder auch
nur, wie die Dinge heißen, all diese Bezeichnungen und
Details, auch wenn einer mit der Zeit natürlich Strategien entwickelt, um sich keine Blöße zu geben, immer
ausgeklügeltere Strategien, die auch zum Ziel führen.
Folglich bin ich objektiv im Vorteil gegenüber jenen
Menschen, die sich exakt daran erinnern, was sie an
dem und dem Tag und Jahr ihres Lebens erlebt haben,
und es einem erzählen, als sei es eben erst geschehen,
da könnte ich ganz beruhigt sein und mich glücklich
nennen, denn das Vergessen ist die Voraussetzung
dafür, reinen Tisch machen zu können, die einzig mögliche Art, endlich Frieden zu finden. Und es stimmt ja,
dass viele Bausteine unseres gemeinsamen Lebens ver-
schwunden sind, intime und weniger intime Momente,
durchaus auch wichtige oder sogar grundlegende, frag
mich doch mal, wo wir in dem und dem Jahr in Urlaub
waren oder was mir der und der zum Geburtstag ge-
schenkt hat, oder meinetwegen auch nur, wie die eine
Freundin von ihr damals hieß, oder was uns Sorgen
machte, wonach wir uns sehnten, aber viele andere Er-
innerungssplitter bleiben höchst lebendig erhalten, es
sieht sogar fast danach aus, als wollten sie absichtlich

nicht das Feld räumen und stattdessen immer lebhafter erscheinen, je mehr Zeit vergeht.

Um es gut zu machen, müsste ich ihr Lächeln aus dem Gedächtnis streichen, es wäre großartig, endlich und endgültig diese ihre Art loszuwerden, ständig alle Zähne zu blecken, da fragt man sich, ob es denn nötig ist, bei jedem Lächeln sämtliche Zähne zu blecken, auch in Anbetracht dessen, dass sie, obwohl sie keineswegs groß ist, schöne große Zähne hat. Wir sind ja nicht beim Zahnarzt, möchte man einwerfen, man kann seine Freude auch ausdrücken, ohne jedes Mal die ganze Welt mit dem eigenen glänzenden Gebiss zu beglücken, ohne jedes Mal mit Leib und Seele dabei zu sein, denn ihr Lächeln ist nie aufgesetzt oder gekünstelt, es ist ein Lächeln der besonderen und zugleich universellen Liebe, ein metaphysisches Lächeln sozusagen, fast als ginge es jedes Mal darum, Empathie für die gesamte Menschheit zu zeigen, nicht nur für die gerade anwesende Person, die sich immerhin als strategischen Mittelpunkt jenes so menschlichen und warmen Lichts empfindet, man weiß ja, wie die Leute sind. Viele Menschen lächeln einfach so, um des Lächelns willen, weil sie denken, dass es besser ist zu lächeln, beinahe weil es lohnender ist, um nicht zu sagen sie lächeln aus Kalkül, die Welt ist voller Leute, die als Mit-

tel zum Zweck lächeln, oder auch aus Verlegenheit,
oder aus Schüchternheit, sie hingegen lächelt, weil sie
die einzelnen Menschen liebt und die Menschheit als
Ganzes, weil eine Aufwallung von Nächstenliebe in
ihrer Brust hochkocht, und alle verstehen das und lieben sie ihrerseits, auch wenn sie vielleicht die Verbindung zwischen ihnen und der Menschheit als Ganzes
nicht richtig erfassen, sie war schon immer sehr beliebt.
Alle mögen sie, rufen sie an, bemühen sich um sie, alle
schlagen ihr dieses oder jenes vor, es ist nicht wie bei
mir, man könnte sogar sagen, es ist das Gegenteil
davon, und für sie ist es normal, sie ist sich dessen nicht
einmal bewusst, innerlich hält sie sich für einen eher
einsamen Menschen, also lächelt sie, um von ihrer Einsamkeit eine Brücke zu der der anderen zu schlagen,
einen Laufsteg der Akzeptanz und der Lebensfreude,
den ich jetzt für immer vergessen sollte, zusammen mit
all den anderen schönen Sachen an ihr, und den unschö-
nen natürlich auch. Aber leicht fällt mir das nicht.

Um es wirklich ordentlich zu machen, sind die
guten wie die schlechten Dinge unterschiedslos zu
vergessen, und aus rein statistischer Betrachtung heraus müsste das auch so geschehen, man sollte fünfzig
Prozent der guten und fünfzig Prozent der schlechten
Dinge vergessen, oder meinetwegen einundfünfzig und

neunundvierzig, oder siebenundvierzig und dreiundfünfzig, die eine oder andere schwer erklärliche Aporie bleibt immer, wer sich wie ich damit befasst, die Natur in Zahlen umzurechnen, kennt das gut, ganz abgesehen davon, dass, wenn man sich nach vielen gemeinsam verbrachten Jahren schließlich trennt, die schlechten Dinge zwangsläufig weit mehr als fünfzig Prozent ausgemacht haben müssen, sie waren bestimmt bei siebzig, wenn nicht gar bei fünfundachtzig oder neunzig, aber in meinem Fall sind die positiven Dinge viel schwerer ein für alle Mal aus dem Bewusstsein zu tilgen, sie sträuben sich dagegen und stellen sich quer, neigen dazu, miteinander zu verklumpen und sich gegenseitig zu stützen, halten zusammen, sodass die neunzig Prozent schlechter, schrecklicher Dinge, die einem das Leben zur Hölle gemacht haben, in den Hintergrund geraten und entschwinden, sich für immer aus der Gedächtnislandschaft verabschieden. Ich weiß, dass ich mich an die ständigen Streitereien und die fürchterlichen Beschimpfungen und die heftigen oder auch nur schäbigen Tage erinnern sollte, diesbezüglich hat meine neue Freundin ja völlig recht, sie weiß ja, wie es bei uns zuging, weil ich ihr von Anfang an alles erzählt habe, und stattdessen erinnere ich mich, wie sie sich ohne Rücksicht auf sich selbst für andere verausgabte, ohne dafür im Gegenzug etwas zu verlangen, ohne jede Berechnung, ohne sich irgendwelche Fluchtwege offen zu halten. Und wenn man sich an den einen positiven Aspekt erinnert, fällt einem gleich noch ein anderer ein, die positiven Dinge sind wie Kirschen, und dann hält man da dieses Körbchen verlockender Kirschen in der Hand, obwohl man gar keine Kirschen wollte, vielmehr genau weiß, dass diese Kirschen vergiftet sind, dass sie zu oft gespritzt wurden. Oder zumindest sollte man es wissen.

Wenn man nicht vergisst, gibt es keinen Platz für das Neue, es wäre, als würde man mit einer Tasche einkaufen gehen, die noch vom letzten Einkauf voll ist. Da ist dann einfach kein Platz für neue Packungen und Dosen, wenn die alten bereits den ganzen Einkaufswagen füllen. Gewiss, man könnte eine Strategie der kleinen Schritte fahren, etwas Altes herausnehmen und durch etwas Neues ersetzen, etwas Altes raus und etwas Neues rein, raus-rein, raus-rein, mit der einen Hand raus und mit der anderen rein, aber das ist umständlich oder gar riskant, es könnte zu einer Verwechslung kommen, oder dazu, dass das Neue mehr Platz benötigt als das Alte, das könnte schnell passieren, die Produkte sind nie ganz identisch, es gibt ständig Verbesserungen und Verfeinerungen, und wenn das

Neue sich als umfangreicher erweisen sollte als das Alte, vielleicht sogar deutlich umfangreicher, wenn auch in der Funktion gleichwertig, wüsste man sich nicht mehr zu helfen, ganz abgesehen davon, dass nicht alle Supermärkte alte Sachen mögen, Waren, die nicht aus dem eigenen Angebot stammen, Supermärkte sind auf die Zukunft ausgerichtet, nicht auf die Vergangenheit, das haben sie in ihrer DNA, und die neuen Freundinnen sind ein wenig wie die Supermärkte, auch sie lehnen Waren ab, die man woanders gekauft hat, in gewisser Hinsicht sind sie viel weniger tolerant als Supermärkte, wehe sie erwischen dich, wie du eine anderswo gekaufte Dose ins Regal zurückzustellen versuchst, da holen sie sofort das Wachpersonal, das dir ohne weiteres die Hand abhacken kann, bevor du's noch geschnallt hast, oder es dir androht: Besser ist es, alles zu leeren, bevor du anfängst, und den Supermarkt mit einer schön leeren und sauberen Einkaufstasche zu betreten, um dich dann aus den Regalen zu bedienen, ohne dir jedes Mal den Kopf zu zerbrechen, ganz unbeschwert also, was genau genommen einer kosmischen Gleichgültigkeit gegenüber der Vergangenheit gleichkommt, und das ist dann keine schöne Sache mehr, in gewisser Hinsicht könnte man es sogar als einen Mord betrachten, den Mord an einer Liebe, mit

ihren schönen und ihren schlechten Seiten, einen Mord
mit Unterschlagung der Leiche, aber so ist es nun mal,
man kann nicht ständig die Welt auf den Kopf stellen,
ich denke, mit dem Alter findet sich jeder letztlich
damit ab. Ich jedenfalls habe mich damit abgefunden.
Man muss die gemeinsam erlebten unvergesslichen
Momente vergessen, bei denen man sich an dem und
dem traumhaften Ort so zauberhaft wohlfühlte, jenen
Zauber, den selbst die zerfahrensten Gedächtnisse
kaum abschütteln können, in zwanzig Jahren des Zu-
sammenlebens gibt es solche Momente, selbst in den
problematischsten Beziehungen kommen sie vor oder
in solchen, die schon lange dahinsiechen, das ist normal, es ist einfach eine Sache der Wahrscheinlichkeit,
auch in einer Partie fauler Austern lässt sich eine Perle
finden, auch im blutigsten Siechtum gibt es hie und da
mal einen Moment der Ruhe, ja gerade wegen der
schrecklichen Gesamtumstände brennt sich das plötz-
liche Wunder jedem auf ewig ins Gedächtnis ein, selbst
in das vergesslichste. Es ist nicht leicht, die Augenblicke zu vergessen, in denen einfach alles stimmte,
jene erstaunlichen Offenbarungen, bei denen es keine
Schmerzen, keinen Frust und auch keine unerfüllten
Wünsche gab, und das Glück war nicht das übliche
Biest, das du am Schwanz zu packen versuchst und das

dir immer wieder entwischt, es lag einfach da in deinen Armen und schnurrte, so unglaublich das im Nachhinein auch scheinen mag. Du möchtest vergessen, du bist sauer auf dein Gedächtnis, das alles Wichtige verschluckt, dir unaufhörlich dumme Streiche spielt, die dir das Leben echt schwer machen, und jetzt nimmt es sich heraus, dir auf einem Silbertablett jene Leckerbissen zu präsentieren, die im augenblicklichen Zustand nur Gift sind, von dem du nicht weißt, wo du es loswerden sollst.

Mir ist es schon untergekommen, in der kürzest möglichen Zeit und rückstandslos vergessen zu müssen, daher habe ich eine gewisse Erfahrung, und Erfahrung bedeutet auch die Zuversicht, es schaffen zu können, denn wenn du es schon einmal geschafft hast, kann es dir auch ein zweites Mal gelingen; wenn es unmöglich zu sein schien, wirklich unmöglich, und es doch geschehen ist, heißt das, dass es wieder passieren kann, dass dies sogar der wahrscheinlichere Verlauf ist, auch wenn es gar nicht danach aussieht, und trotz all deiner Zweifel und Befürchtungen. Bei dem ersten Mal, von dem ich rede, kam es mir menschenunmöglich vor, die unwiderstehlich sympathischen Füße zu vergessen und den nach Modelleisenbahn riechenden Atem, und die durch eine senkrechte Furche zweige-

teilte Brustwarze, sodass daraus eigentlich zwei Brustwarzen wurden, alles aufgrund einer genetischen Mutation, keiner extremen zwar, aber doch immerhin einer
genetischen Mutation, denn auch menschliche Wesen
mutieren, nicht nur Flechten oder Salamander, es erschien mir übermenschlich, die beiden Brustwarzen zu
vergessen, die so zärtlich gepaart waren, als würden
sie sich gegenseitig Mut zusprechen, und all die anderen Besonderheiten, und gerade deshalb dachte ich nur
an diese Details, das heißt an die Beziehung, die auf
immer abgebrochen war, und das war gewiss richtig,
dass sie abgebrochen war, oder zumindest unvermeidlich, und doch schien es mir, es würde meine Kräfte
übersteigen, ohne jenes Paar schüchterner, aber dennoch forsch der Welt zugewandter Brustwarzen zu
leben, die trotz ihrer Schüchternheit lachlustig und zu
Späßen aufgelegt waren, und ohne all die anderen Details, die mein vergessliches Gedächtnis mir lustvoll
hinterherwarf, als wollte es mich vernichten, mit der
Gewissheit gar, dass diese Elemente in meinem Alltag
nicht mehr vorkommen würden, da hatte ich wirklich
das Gefühl, es nicht zu schaffen, es schien mir unge-
recht, auf all die Wonnen verzichten zu müssen, die
mir vorher zugestanden hatten, eine Herausforderung,
die meine Möglichkeiten überstieg, ich konnte wirklich

an nichts anderes denken, mit einem Druck auf der Brust und einer Schlinge um den Hals, und ich sagte mir, ich würde mein Leben lang nur noch daran denken, sofern dieser Druck und die Schlinge mich nicht fertigmachen würden. Stattdessen vergehen dann die Monate, und die Jahre auch, die vergehen immer, ohne sich um all die Probleme zu scheren, die wir uns machen, und die Jahre und die Monate vertreiben die Erinnerungen an den Atem, der nach Modelleisenbahn roch, und an die ebenso umgänglichen wie witzigen Füße, wie ein Wind, der Spuren im Sand Körnchen um Körnchen verwischt, sodass alles ununterscheidbar und unwesentlich wird, bis man an den Odem eines in der Sonne oxydierten Steins und an die Zwillingsbrustwarzen nicht mehr denkt, ohne es überhaupt zu merken, denn es zu merken wäre immerhin noch eine Art, an der Vergangenheit haften zu bleiben, die ja vergangen ist, und insbesondere an jenem Atem mit einem Hauch oxydierten Kupfers und an jenen ach so spaßigen und handsamen, aber auch verzweifelten und liebesbedürftigen, zuinnerst schutzlosen Füßen.

Auch damals musste ich mich beeilen, die Füße zu vergessen, auch wenn es sich genau genommen um ganz andere Füße handelte, die nichts mit dem rauen Südkatalonien zu tun hatten, das mit Steinen gepflastert und von strengen Falten geprägt war, an den Hängen der kahlen Berge und auf der Haut, um solche, die eher den luftigen Schwung sommerlicher Alpentäler verströmten, den Duft frisch gemähten Grases und vom eisigen Wasser der Bäche geschliffener Felsen, die federnde Präzision der Schritte sich gegen das offene Meer des Himmels abzeichnender Gämsen. Auch damals musste ich mich beeilen, Platz zu schaffen, auch damals zweifelte ich ab und an am Gelingen. Folglich sage ich mir jetzt immer wieder, dass ich auch diesmal ziemlich schnell vergessen werde, ich mir keine Sorgen zu machen, vor den Mühen und Fallstricken nicht zurückzuschrecken brauche, ich sage mir immer wieder vor, dass mein fürchterlich schlechtes Gedächtnis mir zugutekommt, ich kann mich wirklich als vom Glück gesegnet betrachten, viele in meiner Lage würden sich an weit mehr Einzelheiten erinnern, an äußerst plastische Details, und bei zehntausenden von Einzelheiten mit dem Stempel der Unverwüstlichkeit würden sie sich deutlich schwerer tun, sie loszuwerden, wahrscheinlich müssten sie irgendwann das Handtuch werfen, und vielleicht würden sie daran zugrunde gehen, sie schon, denn man kann nicht leben, wenn der ganze Raum bereits eingenommen ist, oder aber, wenn der schon besetzte Raum den noch freien bedrängt, was ja Trägheit und Überlagerungen Vorschub leistet, ganz zu schweigen von den damit verbundenen und verknüpften schlechten Stimmungen und den damit zusammenhängenden psychosomatischen Krankheiten, die eben zu Metastasen ausarten können, man bekommt dafür ja jeden Tag Beispiele vor Augen geführt, während ich alle Trümpfe in der Hand habe, um alles zu vergessen, in meinem Alltag bekomme ich pausenlos Belege dafür, Bestätigungen, die sich aus Namen ergeben, die sich im Nirgendwo verlieren, und aus Schlüsseln, die sich nicht auffinden lassen, und aus fehlgeschlagenen Verabredungen, und bei all meinen Unzulänglichkeiten bin ich dann der Mensch, der bei weitem die besten Voraussetzungen mitbringt, um selbst das winzigste Fragment meiner Vergangenheit in mir zu tilgen; das Schicksal hat mir das denkbar größte Talent beschert, um schnellstmöglich den ersehnten reinen Tisch zu erlangen, überlagert vom bequemen Dunst der vollkommenen Gleichgültigkeit, in der sich die gewissermaßen schwindelerregende Innigkeit entfalten kann, sich der Gegenwart zu überlassen.

Ich sage mir, meine neue Freundin übertreibt, wenn sie behauptet, dass ich nur an meine alte Freundin denke, die genau genommen auch eine Ehefrau war, wie sie genau weiß, da diese mit der Zeit von der simp-

len Freundin zur Ehefrau geworden war, im Erwach-
senenleben ist das der normale Gang, so wie es normal
ist, dass meine allererste Freundin eine Freundin geblieben ist, da weder sie noch ich damals erwachsen
waren, abgesehen davon, dass auch die Zeiten nicht erwachsen waren und ein Verhalten beflügelten, das man
im Nachhinein als wenig erwachsen betrachten kann,
die Küchen waren ziemlich verlottert und die Städte
voller wenig erwachsener Leute, die sich für erwachsen hielten, ganz zu schweigen von den Universitäten,
aber das hat jetzt alles keine Bedeutung mehr, denn
was sie angeht, ist die Arbeit schon getan: Sie stellt
kein Problem mehr dar, sie ist vergessen.

Ich sage mir, dass meine neue Freundin übertreibt,
wenn sie behauptet, ich rede dauernd nur von meiner
alten Freundin, die sie eben DEINE FRAU nennt, wobei
sie mit der Stimme den eindeutigen Klang des zweiten
Wortes unterstreicht, ich sage mir, dass sie aus irgendwelchen Gründen die tatsächlichen Verhältnisse ver-
dreht, und ich versuche ihr zu erklären, dass sie wirklich Glück hat, dass ich dieses Glück habe, mit einem
derart schlechten Gedächtnis gesegnet zu sein, da wir
andernfalls auf immer mit meinen Erinnerungen zu-
sammenleben müssten, Tag um Tag mit meinen Erinnerungen, stets meinen unablässigen Erinnerungen

ausgeliefert, was wirklich unangenehm wäre, und ich sage das gewiss nicht aus einer Egozentrik oder, schlimmer noch, aus einer chauvinistischen Veranlagung heraus, mir ist völlig klar, dass auch sie ihre Erinnerungen hat, jeder hat seine Erinnerungen, das wäre ja noch schöner, Frauen wie Männer, das Geschlecht spielt hier überhaupt keine Rolle, aber da ich nun mal im derzeitigen soziokulturellen Ökosystem als Mann aufscheine, wo ich aber genauso gut als Frau aufscheinen könnte, für die in Frage stehende Frage tut das überhaupt nichts zur Sache, ich rede von meinen Erinnerungen, von der Symbiose mit meinen, und auf lange Sicht wäre das keine bequeme Symbiose, wenn auch nicht gerade eine tragische, da müsste sie mir eigentlich beipflichten, wenn sie, statt jedes Wort von mir auf die Goldwaage zu legen, mal mit kühlem Kopf darüber nachdächte.

Man muss alles vergessen, um es ordentlich zu machen, muss man wirklich alles vergessen. Vor allem ist das Gefühl zu vergessen, vorbehaltlos angenommen zu sein, jenes Gefühl, nie verlassen zu werden, was immer auch geschehen mag, auch wenn die Dinge gewiss nicht einfach sind und es vielleicht Streit gibt und gar wiederholte Trennungsdrohungen, und lassen wir dabei die Beschimpfungen außer Acht, genau besehen spiegeln

die Worte nie getreu den Stand der Dinge wider, in der
Regel dramatisieren sie und schüren Zwietracht, ein
betäubendes Gefühl, das natürlich etwas Falsches re-
flektiert, um nicht zu sagen eine zutiefst verabscheu-
ungswürdige Neigung, da Erwachsene sich andere Erwachsene nicht unbesehen reinziehen, sie verlangen
Garantien und Einhaltung der Regeln, nur Eltern ste-
cken ein und opfern sich auf – Eltern von Kleinkindern;
Erwachsene erwarten, dass jeder seinen Beitrag leistet,
sie fordern Gegenseitigkeit, sie wägen sie ab und kalibrieren sie Tag um Tag, wie es ja auch richtig ist, so sagt
es dir jeder Therapeut, sobald du das erste Mal deinen
Fuß in seine Praxis setzt, noch bevor du es geschafft
hast, die Inventur der Miniaturelefanten und des anderen Nippes vorzunehmen. Du weißt, dass das so ist,
auch weil beim Therapeuten, der dann womöglich, um
genau zu sein, eine Therapeutin ist, eine etwas überge-
wichtige Therapeutin mit roten Schuhen, ist ja nicht gesagt, dass Therapeutinnen sich wie Nonnen kleiden
müssen, auch wenn dich die roten Stöckelschuhe an-
fangs ein wenig verstört haben, eine Therapeutin, die
abgesehen von roten Schuhen auch Nippes mag, und
insbesondere Miniaturelefanten aus Stein oder Glas, da
bist du dann immer wieder gewesen, nach jenem ersten
Mal, und folglich hast du ordentlich was gelernt über

dich selbst, du bist sozusagen ein großer Experte in eigener Sache, der weltweit beste Kenner jener Verknotung von Problemen und auch Widersprüchen, die du der Einfachheit halber dich selbst nennst, auch wenn du gelernt hast, dass es eine Menge Einmischungen von allen möglichen Seiten gibt, kein Mensch wird unter einem Kohlkopf geboren, und daher sollte man einen anderen, angemesseneren Namen finden, auch wenn man den Cursor auf diesem Knäuel von Eingebungen lässt, die du gewohnt bist als dich selbst zu betrachten, der genau besehen allerdings Vorgeschichten und enge Verwandte mit sich herumschleppt, so wie manche Wolle bei eingehender Begutachtung immer noch nach Schaf riecht.

Bleibt der Umstand, dass du dich ganz genau an dieses Gefühl erinnerst, fest im Sattel zu sitzen, du spürst es in der Brust, in der Kehle, als wäre es eine lauwarme Masse, du spürst es sogar und trauerst ihm nach, noch bevor du dich daran erinnerst, erst wenn du darüber nachdenkst und deine Gedanken sammelst, erinnerst du dich daran, und es wird dir klar, dass es genau das ist, dem du nachtrauerst. Und je mehr du in diesem gemütlichen Gefühl der Sicherheit herumstocherst, ist die Empfindung nicht umsonst wie von einem liebkosenden lauen Schwamm, und umso mehr fehlt es dir und

weinst du ihm nach, kurzum, je mehr du es in Erinnerung rufst, wobei du es von allen Unstimmigkeiten und
den wenig erbaulichen Rückschlägen, in die es einge-
bettet war, befreist, obwohl sie, genau besehen, dessen
logische Begleiterscheinung bildeten, umso eher wird
es zu einer der lebhaftesten und stets gegenwärtigen Erinnerungen, eigentlich müsste man sie obsessiv nennen,
die in ihrer prägnanten Klarheit stilisiert werden und
daher beinahe schmerzhaft sind, um nicht zu sagen, äußerst schmerzhaft, das ist nicht der bequemste Weg, um
zu vergessen, wo du doch eigentlich nur reinen Tisch
machen willst, du weißt, dass du das machen musst, du
weißt, dass es in gewisser Hinsicht eine Frage von
Leben oder Tod ist, denn wenn du das nicht abbaust,
kannst du nicht leben, was du gerade lebst, sofern dir
in deinem Alter noch etwas zum Leben bleibt, und folglich bist du tot. Fakt ist, je mehr du dich windest, desto
mehr verstrickst du dich, wie eine Fliege im gut ange-
legten Netz einer Spinne. Aber vielleicht bist du selbst
die Spinne, fällt dir manchmal ein, du und dein schänd-
liches Bedürfnis, von jemandem geliebt zu werden.

Von meiner Freundin, die mit der Zeit zu meiner
Frau geworden war, habe ich auch den Spitznamen zu
vergessen, mit dem ich sie ansprach, ich muss ihn aus
dem Verstand tilgen, genauso wie ich es seinerzeit mit

dem Spitznamen meiner ersten Freundin getan habe, sonst kommt er mir über die Lippen, ohne dass ich es merke, und ich laufe Gefahr, ihn unpassend einzusetzen, einer Person gegenüber, die nicht mehr dieselbe ist, sondern eine ganz andere, und die auch darauf Wert legt, was ja völlig legitim ist, das wäre ja noch schöner, wenn in einer Beziehung nicht die Eigenheiten eines jeden berücksichtigt würden, während ich schon mehrere Male haarscharf am Desaster vorbeigeschrammt bin, mich im letzten Moment noch fangen konnte, indem ich den zärtlichen Spitznamen, den ich schon auf den Lippen hatte, mit Nachdruck in etwas anderes abgewandelt habe, oder irgendwie in einen schwer verständlichen Laut, wie wenn einem plötzlich etwas weh tut und einem ein nicht näher bestimmter Klagelaut entfährt, und der Umstand, dass es bislang nochmal gut gegangen ist, beruhigt mich überhaupt nicht, früher oder später – sage ich mir –, wenn ich mich nicht beeile zu vergessen, wenn mein Hirn sich nicht beeilt, die Dinge zu vergessen, die ich vergessen zu haben meine, und sie im falschen Augenblick herausholt, dann wird dieser verflixte Kosename, ein schöner, sympathischer und ausdrucksstarker Kosename nebenbei, der innig war, aber auch recht niedlich, in vieler Hinsicht auch rührend, vielleicht klebt er mir auch deshalb auf der

Zunge, dann wird er glasklar und unmissverständlich aus meinem Mund schlüpfen, eben mit der Beihilfe meines unverlässlichen und anarchistischen Gehirns, und dann bin ich erledigt. Fest steht jedenfalls, je mehr einer etwas Bestimmtes aus dem Gedächtnis tilgen möchte, desto mehr erinnert er sich daran, diese Erfahrung hat jeder schon einmal gemacht, deshalb versuche ich die Angelegenheit mit viel Fingerspitzengefühl anzugehen, ohne allzu viel von mir selbst und von meinem Verstand zu erwarten, jede Verbissenheit wäre bestimmt kontraproduktiv, sie würde in kürzester Zeit den gegenteiligen Effekt erzielen, daher akzeptiere ich die Gefahr des fatalen Fehlers und bereite mich darauf vor, ohne mich allzu sehr zu stressen, so wie man sich in Gegenden mit ernsthaftem Erdbebenrisiko auf den allerheftigsten aller Erdstöße vorbereitet, jedenfalls will ich mir keinen allzu großen Stress machen, rechtzeitig zu reagieren, sondern täusche beispielsweise einen Hustenanfall vor oder lenke die Aufmerksamkeit auf etwas, was runtergefallen ist, und wünsche mir, dass der Vorgang des Vergessens ohne energische Verbissenheit schneller abläuft.

Meiner neuen Freundin zufolge denke ich zu oft an meine alte Freundin, die sie fälschlicherweise DEINE FRAU nennt, wo sie doch nicht mehr meine Frau ist, da wir ja nun geschieden sind, ihr zufolge denke ich nur an MEINE FRAU und ich spreche nur von MEINER FRAU, wobei ich sie immer in Schutz nehme, ihr zufolge ist das nicht normal, ich sollte nicht mehr an sie denken, da unsere Beziehung ja nun beendet ist und wir geschieden sind, aus ihrer Sicht ist es überhaupt nicht in Ordnung, mich weiterhin an sie zu erinnern, wie ich das tue, sie habe selbst auch andere Beziehungen gehabt, aber sie sei nicht ständig in Gedanken bei denen, sie rede nicht ständig darüber oder habe sie nicht ständig im Sinn, während ich den Gedanken an sie immer wieder aufrühre, weil ich noch nicht aus der Sache raus bin, weil ich mich innerlich noch immer nicht wirklich von MEINER FRAU gelöst habe, innerlich habe ich die Ankertaue immer noch an den Pollern meiner Vergangenheit festgemacht, sie glaubt mir nicht, wenn ich ihr sage, das Gegenteil ist der Fall, dass ich alles tue, um zu vergessen, dass ich keine einzige Minute versäume, daran zu denken, dass ich vergessen muss und will, dass ich mein Gedächtnis darauf trainiere, noch mehr nachzulassen, wobei ich mich – wie sie genau weiß – einer an Fettsäuren und Alkohol reichhaltigen Diät bediene, so wie man Tag um Tag die Wurzel einer Pflanze freilegt, die eingehen soll, denn in dieser heiklen Lage scheint sich mein Gedächtnis über mich lustig machen zu wollen, während ich weiß Gott was gäbe, um auf einen Schlag alles zu vergessen, so wie man bei einem elektronischen Gerät ein *Reset* vornimmt, um dann eine neue Nutzung zu beginnen.

Nach und nach bringt die Zeit jene endgültige Lösung fertig, für die sie der unumstrittene Meister ist, was in der Regel mit einer vollständigen Betäubung der Gefühle einhergeht, aber das geht nicht von heute auf morgen, dafür braucht es Geduld. So viel habe ich gelernt. Ab und zu begegne ich meiner ersten Freundin, und zwar in dem von geschäftigen Naturforschern wimmelnden Technikgebäude, wohin sie das Unbehagen verfrachtet hat, das sie mit ihrer Selbstironie versetzt, auch wenn die vielleicht gar keiner mehr wahrnimmt, wo sie nun im Erwachsenenalter unter dem Gehabe seriöser Zuvorkommenheit getarnt ist, da ich zuweilen durch diesen durchsichtigen Kasten sogenannter Verbreitung wissenschaftlicher Erkenntnisse laufen muss, wegen meiner Arbeit über den Erdboden: Vor Jahren verschaffte mir das aufwühlende Emotionen, während ich ihren stets zweideutigen Worten lauschte, betrachtete ich ihre an der Außenkante kippelnden Schuhe, in denen ihre unsicheren, aber auch entschlossenen Füße steckten, die ich so gut kannte, und ich empfand Beklemmung und Stiche, wobei ich mir dieses und jenes vorwarf, und selbst dann, als diese Rückschläge abgeklungen waren, blieb ich immer noch an ihrem Dasein interessiert, ich fragte sie, was sie gerade mache und wie es ihr gehe, und versuchte herauszufinden, ob sie wirklich so unglücklich war, wie sie aussah und wie sie anklingen ließ, wobei sie natürlich den Zweifel in mir weckte, sie übertreibe aus Lust an der Übertreibung, dass sie sich über mich lustig mache, aus Rache vielleicht, da ihr doch ein leidenschaftliches Ressentiment geblieben war; wenn ich sie jetzt erblicke, wäge ich nicht mehr das genaue Ausmaß ihres Elends ab, ich empfinde nichts mehr, ich langweile mich lediglich, spüre immerhin noch den aufkommenden Verdruss, beinahe als wolle ein Fremdkörper meine Privatsphäre aufbrechen, und auf ihrem Gesicht lese ich eine entsprechende Verlegenheit, dieselbe beklemmende Beklommenheit. Nachdem wir jahrelang unsere Augenblicke und jedes Bangen geteilt, Seufzer und Tränen verschmolzen, nachdem wir so vieles durchwühlt und hinterfragt haben, um unsere Empfindlichkeiten und unsere Bestrebungen unter einen Hut zu bringen, wobei wir Sätze und Briefe und Anrufe tauschten, und Küsse und Streicheleinheiten, und wie viele Worte und Küsse, haben wir füreinander

eine unermessliche Gleichgültigkeit entwickelt. Nichts
bleibt mehr in mir von ihren elastischen und kecken
Füßen, die mich so rührten, und auch ihre Zwillingsbrustwarzen und der Atem nach Modelleisenbahn sind
lediglich ferne Anekdoten, Dinge, die ich vom Hören-
sagen kenne und die wer weiß wem und wo geschehen
sind, auch wenn gewiss Bruchstücke von ihr in mir
leben, so wie sie andere von mir übernommen hat, das
ist ja unvermeidlich, die Leute geben und nehmen, stif-
ten und stehlen, metamorphosieren sich und andere,
gewiss bin ich in mancher Hinsicht sie, so wie sie ich
ist. Aber das merke ich nicht.

Mit meiner neuen Freundin gehe ich die Frage der
Gleichgültigkeit nicht explizit an, weil sie als gegeben
voraussetzt, dass ich schon jetzt vollkommen gleichgültig sein müsste, oder zumindest beinahe vollkommen gleichgültig, und dass, wenn ich das nicht bin,
etwas nicht stimmt, etwas sehr Schwerwiegendes, ein
Makel, der mit meinem Willen zu tun hat und wohlge-
merkt mit meiner Schutzhaltung gegenüber MEINER
FRAU, was ja der Umstand belegt, dass ich ständig
dazu neige, sie zu bemitleiden, und alle zwei Sekunden
sage *die Arme* hier und *das Ärmchen* da, anstatt sie
wegen ihres objektiv ungebührlichen Verhaltens zu ta-
deln, für das ich ihr – ihrer Meinung nach – eine Stand-

pauke halten und dann nicht mehr daran denken sollte, was vorbei ist, ist vorbei, während sich die Sache für mich anders darstellt, meine Gleichgültigkeit setzt das kapillare Ausmerzen der Erinnerungen voraus, denn leider brennen die Erinnerungen, auch die sehr ungefähren meines löchrigen Gedächtnisses, mir in der Brust und stacheln meine Unzufriedenheit an, es sind brennend heiße Glutherde, die nur darauf warten, wieder aufzulodern und alles zu versengen, was in Reichweite gelangt, zuallererst mein Selbstwertgefühl, was dann in Unmut und Beklemmung ausbrutzelt.

Vor allem anderen müsste ich jenen Satz vergessen, den meine Ex-Freundin, als sie noch nicht meine Frau war, mir eines Nachts vor vielen Jahren am Telefon gesagt hat, *Komm nach Hause.* Und den sie dann wiederholt hat, *Komm nach Hause, komm nach Hause,* immer eindringlicher, immer herzzerreißender. Wir hatten an dem Tag sehr heftig gestritten, bei meinem Gedächtnis kann ich nicht mehr sagen, aus welchem Anlass, und ich war gegangen, in der Absicht, nicht mehr zurückzukommen, oder zumindest ohne jenem Teil von mir, der zurückkehren wollte, Gehör zu schenken, ich war zu wütend, ich wollte für immer aus dieser Wohnung weg, die ich als ihr Zuhause ansah, obwohl wir schon seit geraumer Zeit zusammenlebten, keiner von uns

beiden betrachtete es als unser gemeinsames Zuhause,
keiner von uns hatte es je als *unser Zuhause* bezeich-
net, es war *ihr Zuhause*, wo auch ich lebte, aber nun
beschwor sie mich, *nach Hause* zu kommen, also in
unser Zuhause, und mit jenen ganz einfachen Worten
schuf sie es, *unser Zuhause*, sie schuf es für mich und
für uns, für mich, der ich aus verschiedenen Gründen
nie gewillt gewesen war, mich um mich selbst zu kümmern, geschweige denn, mir ein eigenes Nest zu bauen,
und auch für sie, die auf ihre Weise immer Schwierigkeiten gehabt hatte, sich irgendwo zu Hause zu fühlen,
da das Leben sie von einem Land ins andere verschla-
gen hatte, unter durchaus auch dramatischen Umstän-
den, und nun schuf sie mit jenen leisen Worten für uns
ein Zuhause, für mich und für sie und für uns, die wir
so gebeutelt waren und so unglücklich zu sein wussten,
die wir eines gemeinsam hatten, vielleicht unsere einzige echte Gemeinsamkeit, unser individuelles Unglück, das so unterschiedlich war, aber in vielerlei
Hinsicht auch ähnlich, mit völlig verschiedenen Ur-
sprüngen und gleichzeitig höchst merkwürdigen Ana-
logien in den wesentlichen Zügen, bis in die kleinsten
Details hinein, fast als hätte das Schicksal oder ein ma-
gisches Wesen seine Finger im Spiel, und jenes geteilte
Unglück, jene drei Wörter, die mir in einer Telefonzelle

in der verkommenen Nacht der Großstadt ins Ohr drangen, schufen mir ein Zuhause, in das ich zurückkehren konnte, ein erleuchtetes und warmes, auf seine Art behagliches Zuhause, trotz der Unordnung, ihrer wie meiner, eine Zuflucht für mich, mit einem Menschen drin, der mich erwartete, einer wunderbaren Person, die mich wollte, nur mich, die mich brauchte, die es mir sagte, die mich trotz der riesigen Schwierigkeiten unserer Beziehung und trotz unserer ständigen Auseinandersetzungen liebte, und die auch ich liebte.

Es fällt mir äußerst schwer, jenen Satz *Komm nach Hause* zu vergessen, jenen Rettungsring für meine Unfähigkeit, im Fluss der Tage ein Gleichgewicht zu finden und zufrieden zu sein, jenes unerwartete Geschenk, das mich in den folgenden Jahren Tag um Tag begleitete, in schwierigen, immer schwierigeren Jahren, in einem Dauerkrieg inzwischen, einem vorhersehbar unvorhersehbaren, mit heftigen Kämpfen und flüchtigen Atempausen, die zuweilen wonnig und mild waren von Sehnsucht und Reue, ein Krieg zwischen zwei Verdrossenheiten, die sich darin verbissen, noch unglücklicher zu sein, und auch hinsichtlich meiner Seele, die zudem mit sich selbst im Clinch lag, aber immerhin mit jener neuen Sicherheit, die mir folgte, der Gewissheit, wenigstens ein Zuhause zu

haben, eine Wohnung mit einer Person drin, die im
Guten wie im Bösen, wenn auch die Dinge immer
schlechter liefen, auf mich wartete, die, was immer
auch geschehen mochte, auf mich warten würde, und
wenn auch nur zu dem Zweck, mir Vorwürfe und Beschimpfungen entgegenzuschleudern, die ja immerhin
auch eine Liebesbezeugung sind. Jetzt gibt es das un-
aufgeräumte Zuhause nicht mehr, am Ende des nicht
enden wollenden Siechtums löste es sich schließlich
auf, wozu es vielleicht von Anfang an bestimmt war,
ich will gar nicht wissen, ob es einen Hauptverant-
wortlichen gab, vielleicht wusste keiner von uns beiden, was er tat, wir waren zwei kindische Erwachsene,
und das hat mich aus dem knappen Trost herausgeris-
sen, der es mir immerhin erlaubt hat, jahrelang zu
leben und den Gemüsegarten zu pflegen, der meinem
Leben einen Hauch von Sinn gegeben hat, aber jetzt
muss ich es schaffen zu vergessen, die Füße vergessen, die derart voller schmerzhafter Vergangenheit ste-
cken, aber auch lebhaft und launig, gleichzeitig alt und
kindlich, weise und unbedachterweise großmütig sind,
die flüchtigen Atempausen zu vergessen und jenes ge-
schundene Unglück, das ich liebte, ich muss die
Gleichgültigkeit erreichen, die notwendig ist, um Platz
für ein weiteres Geschenk zu schaffen, einen Luft-

strom reinen Wassers und zarter Blüten, der beharrlich und empfindlich ist und zu Recht nach Raum und Ruhe verlangt.

ZEITWORTE / PAROLE DEL TEMPO

ZEITWORTE / PAROLE DEL TEMPO 2
2020

GLEICHGÜLTIGKEIT I
INDIFFERENZA I

MARICA BODROŽIĆ

TANJA RAICH

MONIQUE SCHWITTER

CLEMENS J. SETZ

DANIEL WISSER

176 S., € 16,00

ISBN (I) 978-88-7223-368-9
ISBN (A) 978-3-99039-192-1

ERALDO AFFINATI

MARCO BALZANO

CLAUDIA DURASTANTI

HELENA JANECZEK

GIACOMO SARTORI

164 S., € 16,00

ISBN 978-88-7223-369-6

RESSENTIMENT I/II

CLEMENS BERGER
ANNA KIM
SEPP MALL
LYDIA MISCHKULNIG
ANNA WEIDENHOLZER

ALESSANDRO BANDA
GIORGIO FALCO
ELENA STANCANELLI
NADIA TERRANOVA
GIORGIO VASTA

2019, 172 S., € 16,00

ISBN (I) 978-88-7223-331-3
ISBN (A) 978-3-99039-148-8

2020, 198 S., € 16,00

ISBN (I) 978-88-7223-332-0
ISBN (A) 978-3-99039-173-0

RISENTIMENTO I/II

Ausgabe in italienischer Sprache

ALESSANDRO BANDA
GIORGIO FALCO
ELENA STANCANELLI
NADIA TERRANOVA
GIORGIO VASTA

CLEMENS BERGER
ANNA KIM
SEPP MALL
LYDIA MISCHKULNIG
ANNA WEIDENHOLZER

2019, 174 S., € 16,00

ISBN 978-88-7223-330-6

2020, 169 S., € 16,00

ISBN 978-88-7223-333-7

Gedruckt im März 2021
in der Buchdruckerei Cierre Grafica,
Sommacampagna (VR)
im Auftrag von Edizioni alphabeta Verlag
Meran (BZ)

Dieses Buch wurde auf dem Papier
Bio Top 3 von IGEPA Group gedruckt.
Das Markenzeichen FSC® (Forest Stewardship Council®)
zertifiziert Papier aus verantwortungsvoller Waldwirtschaft
und anderer kontrollierter Herkunft.

FSC
www.fsc.org
MIX
Papier aus ver-
antwortungsvollen
Quellen
FSC® C041414